JN238648

| solar panel |  ENE-FARM |  automatic blind |  PHEV |  HEMS monitor |

>>>> 図解と事例でわかる >>>>

スマートハウス

tablet

| Water-wheel generators |  sensor fan | 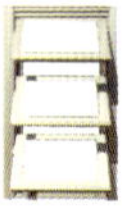 awning window |  HEMS unit |  automatic sash |

SMART HOUSE

家入龍太

SE SHOEISHA

スマートハウスの外観

夏は涼しく、冬は温かい木造住宅をベースにスマートハウス化した「スマートソラボ」（資料提供：住友林業）

太陽光発電パネル、エネファーム、大容量リチウムイオン蓄電池、EVを独自のHEMSで制御する「ヘーベルハウス」（資料提供：旭化成ホームズ）

EVやPHEVとの連携機能を強化した都会型スマートハウス「シンセ・アスイエ」（資料提供：トヨタホーム）

スマートハウスの内部

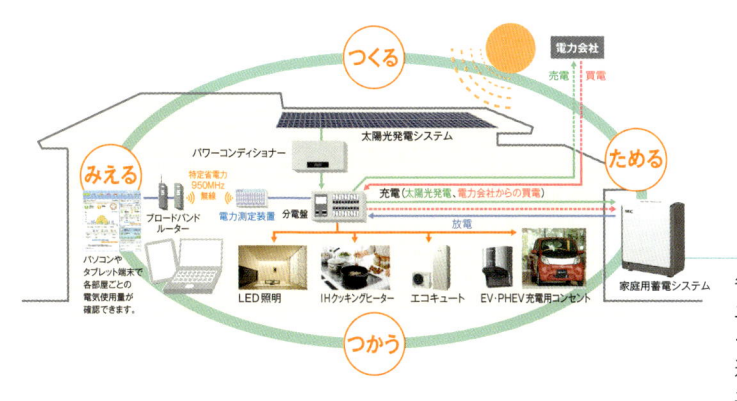

省エネ、創エネ、蓄エネ装置を備えたスマートハウスの内部構造（資料提供：ヤマダ・エスバイエルホーム）

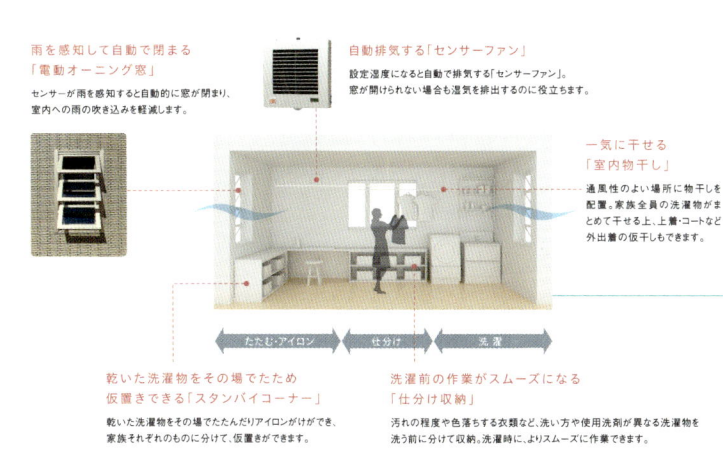

雨を感知して自動で閉まる「電動オーニング窓」
センサーが雨を感知すると自動的に窓が閉まり、室内への雨の吹き込みを軽減します。

自動排気する「センサーファン」
設定湿度になると自動で排気する「センサーファン」。窓が開けられない場合も湿気を排出するのに役立ちます。

一気に干せる「室内物干し」
通風性のよい場所に物干しを配置。家族全員の洗濯物がまとめて干せる上、上着・コートなど外出着の仮干しもできます。

乾いた洗濯物をその場でたため仮置きできる「スタンバイコーナー」
乾いた洗濯物をその場でたたんだりアイロンがけができ、家族それぞれのものに分けて、仮置きができます。

洗濯前の作業がスムーズになる「仕分け収納」
汚れの程度や色落ちする衣類など、洗い方や使用洗剤が異なる洗濯物を洗う前に分けて収納。洗濯時に、よりスムーズに作業できます。

電動オーニング窓やセンサーファンを備えた「家事楽ドライピット」（資料提供：パナホーム）

夏 強い陽射しを遮ります。自然の風を活かします。
冬 太陽の光を室内へ届けます。暖気を循環させます。

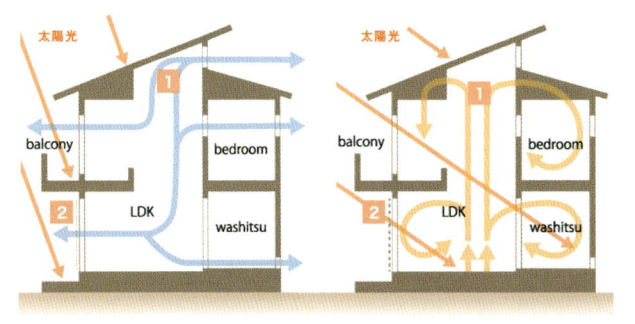

夏は太陽光を遮り、冬は最大限に利用して空調エネルギーを節約する（資料提供：タマホーム）

制御機器と省エネ装置

左から HEMS の中核機器、エネルギー計測ユニット、HEMS モニター（資料提供：パナソニック）

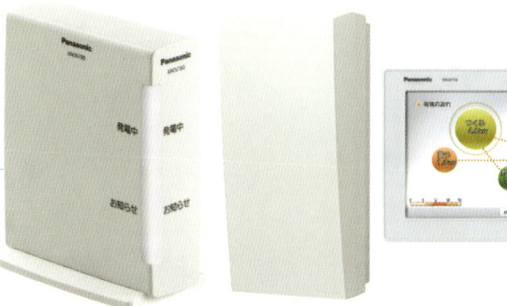

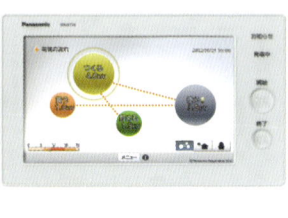

空気の熱でお湯を沸かす「エコキュート」（資料提供：サンデン）／マイコンを内蔵しブラインドの角度を自動的に調整する「防犯ブラインドシャッター」（資料提供：アイシン精機）

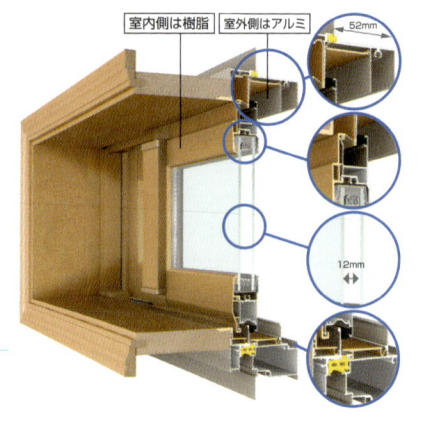

断熱サッシ（資料提供：LIXIL［トステム］）

創エネ装置

太陽光発電パネル（資料提供：京セラ）

住宅用燃料電池「エネファーム」（資料提供：パナソニック）／小型ガスエンジンを使ったコージェネレーションシステム「エコウィル」（資料提供：東京ガス）

真空管型集熱器を備えた太陽熱温水器「サナース」（資料提供：寺田鉄工所）

蓄エネ装置

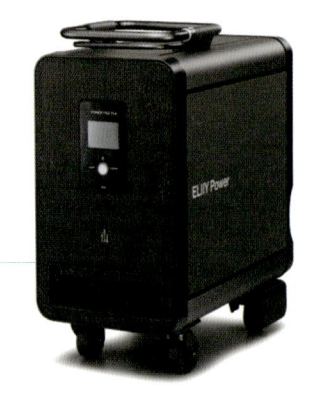

住宅用リチウムイオン蓄電池（資料提供：大和ハウス工業）／（資料提供：東芝ライテック）

24kWhの蓄電池を備えた「日産リーフ」（資料提供：日産自動車）

スマートハウスとEVの接続（資料提供：Kameno's Digital Photo Log）

BIM（ビルディング・インフォメーション・モデリング）

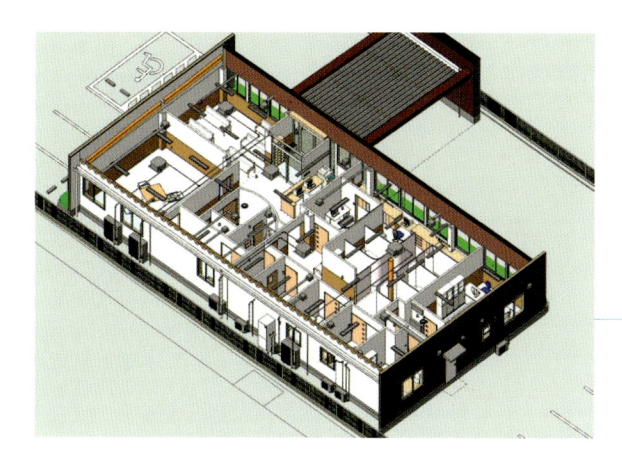

隠れた柱や梁、配管なども忠実につくられた BIM モデル（資料提供：美保テクノス）

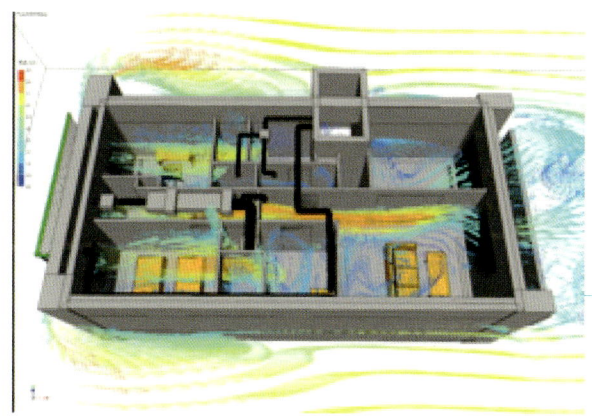

BIM モデルを使った通風性の解析（資料提供：アドバンスドナレッジ研究所）

自然照明の解析（資料提供：アーキテクト・シージー）

7

スマートタウン

約400戸の戸建住宅で街まるごとネットゼロエネルギー化を実現する「パナホームスマートシティ潮芦屋」（資料提供：パナホーム）

65区画すべての住戸に太陽光発電システムや燃料電池を装備し、75戸分の発電が行える「晴美台エコモデルタウン」（資料提供：大和ハウス工業）

73戸全棟がZEH（ゼロエネルギーハウス）基準に対応する「熊谷スマートタウン整備事業（資料提供：ミサワホーム）

はじめに

　2011年3月11日、東日本大震災で発生した福島第1原子力発電所事故による計画停電や電力不足をきっかけに、「スマートハウス」への注目が高まりました。スマートハウスの意義は震災をきっかけにそれまでの「CO_2排出量の削減による地球環境保護への貢献」だけでなく、「災害時のエネルギー自給自足による備え」も加わり、一段と切実さを増したのです。

　2011年以降、大手ハウスメーカーを中心にスマートハウスやHEMS（住宅用エネルギー管理システム）などの新製品が続々と発売され、2011年は「スマートハウス元年」とも呼ばれています。この勢いは今後も続く見込みで、調査会社は2011年から2020年までに市場規模は2.5倍に膨らむと予測しています。

　スマートハウスは、建築、設備、ITの三つの技術が融合したものです。しかし、これまでのスマートハウスは、出来合いの住宅にエコキュートや太陽光発電パネル、蓄電池といった省エネ、創エネ、蓄エネの装置を"後付け"したようなものが多いように感じていました。

　その理由は、建築、設備、ITはそれぞれ別の専門分野であるため、この三つの技術を三位一体で考え、全体を調整しながら設計や施工を行える設計者や技術者が少なかったからだと思います。

　そこで本書では、スマートハウスの仕事に携わる人びとが、他分野のこともよく理解できるように平易に書くこと心がけました。お互いに他分野のことを理解することで、「太陽光発電を最大限に生かすための屋根のデザイン」「配線や配管を行いやすい壁や構造の設計」「自然換気による省エネを実現できる設備の開発」など、建築・設備・ITの三位一体によるさらに進化したスマートハウスが実現できると考えたからです。

　本書の取材や写真・資料の掲載に当たっては、大手ハウスメーカーや設備、通信機器メーカー、関連団体の皆様に多大なご協力をいただきました。この場を借りて御礼申し上げます。

2013年5月

家入 龍太

目次

スマートハウスの外観　2

スマートハウスの内部　3

制御機器と省エネ装置　4

創エネ装置　5

蓄エネ装置　6

BIM（ビルディング・インフォメーション・モデリング）　7

スマートタウン　8

はじめに　9

第 1 章
[スマートハウスの市場動向]　19

- 1-1 ▷ 建築、設備、ITでエネルギーを最適制御するスマートハウス　20
- 1-2 ▷ スマートハウスのメリット──自家発電利用で光熱費を削減　22
- 1-3 ▷ スマートハウスの使い方──環境、経済、防災など目的で選択　24
- 1-4 ▷ スマートハウスの製品例──大手メーカーやビルダーの戦略と価格　26
- 1-5 ▷ スマートハウスの市場規模──東日本大震災以降、急激な伸び　40
- 1-6 ▷ 参入企業－家電から自動車まで多業種に参入チャンス　42
- 1-7 ▷ 政府・官公庁の政策──補助金や減税のオンパレード　44

[column 01]　エコキュートもカッコよく設置しよう　46

第2章
[スマートハウス用の住宅] 47

- 2-1 ＞ スマートハウスの要素技術 —— 省エネ、創エネ、蓄エネの総合技術　48
- 2-2 ＞ スマートハウス用の住宅 —— パッシブデザインで省エネを徹底追求　50
- 2-3 ＞ 住宅の省エネ性能評価指標 —— 入る熱、逃げる熱の量を数値化　52
- 2-4 ＞ BIMとは（1）—— 最先端の3D設計手法　54
- 2-5 ＞ BIMとは（2）—— 着工前の住宅設計の最適化　56
- 2-6 ＞ BIMによるパッシブ設計 —— 太陽光を自由自在にコントロール　58
- 2-7 ＞ BIMによる自然換気の設計 —— 自然換気で空調エネルギーの節約　60
- 2-8 ＞ BIMによるエネルギー解析 —— 消費エネルギーの建設前予測　62

[column 02]　太陽光を最大に利用できるデザイン　64

第3章
[HEMS] 65

- 3-1 ＞ HEMSとは —— スマートハウスの"頭脳"や"神経"　66
- 3-2 ＞ HEMSの機能（1）—— エネルギーの「見える化」　68
- 3-3 ＞ HEMSの機能（2）—— エネルギーの流れを制御　70
- 3-4 ＞ HEMSの機能（3）—— 住宅外のコミュニティーとの連携　72
- 3-5 ＞ HEMSの製品例 —— クラウド・SNSとの連携やDIYタイプ　74
- 3-6 ＞ 余剰電力の買取制度とは —— 余った電力は電力会社へ売却　78
- 3-7 ＞ 系統連系 —— 電圧、周波数、位相を合わせる　80
- 3-8 ＞ 電力ピークカット —— ピークを避けた商用電力の使用　82

3-9 ▸ モニターとコントローラー ── 「見える化」と「制御」を担う窓口　84
3-10 ▸ 電力センサー ── 各機器の消費電力を把握　86
3-11 ▸ ガスメーターと水道メーター ── パルス発信式メーターをHEMSと接続　88
3-12 ▸ HEMSで使われる通信手段 ── 無線・有線LANから電力線通信まで　90
3-13 ▸ ECHONET Lite ── HEMSの通信用標準規格　92
3-14 ▸ HEMSに対する優遇策 ── 機器購入費用と工事代を定額補助　94

[column 03]　HEMS以外のいろいろな「EMS」　96

第 4 章
[太陽光発電システム]　97

4-1 ▸ 太陽光発電のしくみ ── 太陽光のエネルギーの電力変換　98
4-2 ▸ 太陽光発電パネルのしくみ ── 半導体による太陽光の電力変換　100
4-3 ▸ パワーコンディショナー ── 直流と交流をつなぐ変換器　102
4-4 ▸ 太陽光発電パネルの製品例
　　　── 性能、形、デザインでさまざまなバリエーション　104
4-5 ▸ 太陽光発電に対する優遇策 ── 設置費用の補助と余剰電力の買取制度　110

[column 04]　太陽光発電で開閉する電動シャッター　112

第5章
[さまざまな自然エネルギー] 113

- 5-1 ▸ 太陽光以外の再生可能エネルギー── さまざまな太陽の恵みの利用 114
- 5-2 ▸ 太陽熱温水器──「熱は熱で」を高効率で実現 116
- 5-3 ▸ 地熱利用── 温度が一定した地下熱の活用 118
- 5-4 ▸ 小型風力発電── 家庭用風力発電機の市販化 120
- 5-5 ▸ マイクロ水力発電── 川や用水路の流れによる発電 122
- 5-6 ▸ バイオマスエネルギー── 薪や木質ペレットを燃料に活用 124
- 5-7 ▸ 雨水利用システム── 省エネや防災への雨水活用 126
- 5-8 ▸ 自然エネルギー利用の優遇策── 再生エネルギーは買取、機器購入に補助金 128

[column 05]　エアコンの室外機に"打ち水"すると省エネに　130

第6章
[蓄電池とコージェネレーション] 131

- 6-1 ▸ 蓄電池のしくみ──「電気のタンク」としての機能 132
- 6-2 ▸ 住宅用蓄電池── 停電時は非常用電源として活躍 134
- 6-3 ▸ 住宅用コージェネレーションシステム── 同時発電と給湯で高効率 136
- 6-4 ▸ 住宅用燃料電池「エネファーム」── 水素と空気の化学反応で発電 138
- 6-5 ▸ エコウィル── 小型ガスエンジンで発電と給湯 140
- 6-6 ▸ 蓄電池に対する優遇策── 定率3分の1、100万円までの補助 142

[column 06]　1,500Vの架線に直結できる電車用蓄電池　144

第7章

[EV と PHEV] 145

- 7-1 > EV・PHEVとは──モーターと蓄電池を備えた自動車 146
- 7-2 > EVとスマートハウスの連携──住宅用蓄電池に比べて大きな容量 148
- 7-3 > PHEVとスマートハウスの連携──停電時には発電機として機能 150
- 7-4 > 充電方式のいろいろ──ケーブルレス充電も実用化へ 152
- 7-5 > EV・PHEVに対する優遇策──1台に対して最大100万円の補助 154

[column 07] バッテリーにも2度目のお務めを！──EVの蓄電池をマンションに 156

第8章

[省エネ家電・設備] 157

- 8-1 > 省エネ家電と省エネ設備──我慢せずに可能な快適な生活 158
- 8-2 > エコキュート──空気の熱でお湯を沸かす省エネ給湯器 160
- 8-3 > LED照明と有機EL照明──さらに向上を続ける発光効率 162
- 8-4 > 全熱交換器──換気で捨てるエネルギーをリサイクル 164
- 8-5 > ふく射式空調システム──壁や天井の温度で快適空調 166
- 8-6 > 蓄熱空調──コンクリートに熱をためて活用 168
- 8-7 > 自動ブラインド──太陽の位置に応じて開度を自動調整 170
- 8-8 > 電動窓・電動シャッター──開閉操作を自動化 172
- 8-9 > ヒートポンプ家電──エアコン、冷蔵庫から洗濯乾燥機まで 174
- 8-10 > 断熱サッシ──Low-Eガラスと樹脂枠で断熱性向上 176
- 8-11 > 光ダクトと太陽光採光システム──自然光を奥の部屋でも利用 178

[column 08]　自然光を間接照明に変えるブラインド　180

第 9 章

[スマートハウス建設の手順] 181

- 9-1 ▷ 設計から施工、維持管理まで──配電計画や補助金の検討は早めに　182
- 9-2 ▷ スマートハウス設計・施工の資格
  　　──一般住宅用の資格とネット接続の知識でOK　184
- 9-3 ▷ 設計・施工の役割分担──プロジェクトリーダーが全体を調整　186
- 9-4 ▷ スマートハウスの資材入手方法──中小工務店向けの代理店を活用　188
- 9-5 ▷ スマートハウスの維持管理──定期的なメンテナンスが重要　190
- 9-6 ▷ スマートハウスの課題──施工ミスで漏水、パネルからの出火も　192
- 9-7 ▷ スマートハウスの寿命──設備によって異なる耐用年数　194
- 9-8 ▷ スマートハウス化リフォーム──古い建物がスマートハウスに大変身　196

[column 09]　海外でも日本のスマートハウス技術を採用　198

第 10 章

[スマートハウスのこれから] 199

- 10-1 ▷ スマートハウスの進化──情報化、標準化、統合化がポイント　200
- 10-2 ▷ スマート家電──ネットにつながる未来の家電　202
- 10-3 ▷ 住宅用防犯システム──電気錠やインターホンをHEMSと連携　204
- 10-4 ▷ クラウドとHEMSの連携──ネット上のハード、ソフト、情報を活用　206

10-5 直流給電システム──電気を直流のまま使って効率アップ　208
10-6 スマートタウン──街全体をゼロエネルギー化　210
10-7 スマートマンション──マンション版のスマートハウス　214
10-8 ゼロ・エネルギー・ハウス──エネルギー消費を差し引きゼロに　216
10-9 スマートグリッド──エコで災害に強い次世代送電網　218
10-10 スマートメーター──通信・制御機能を持つ電力メーター　220
10-11 スマートコミュニティー──再生可能エネルギーを生かす環境配慮型都市　222

付録1 スマートハウスの情報源サイト　224

おわりに　228
参考文献・Webサイト　229
著者プロフィール　230

翔泳社ecoProjectのご案内

株式会社 翔泳社では地球にやさしい本づくりを目指します。
制作工程において以下の基準を定め、このうち4項目以上を満たしたものをエコロジー製品と位置づけ、シンボルマークをつけています。

資材	基準	期待される効果	本書採用
装丁用紙	無塩素漂白パルプ使用紙 あるいは 再生循環資源を利用した紙	有毒な有機塩素化合物発生の軽減（無塩素漂白パルプ） 資源の再生循環促進（再生循環資源紙）	○
本文用紙	材料の一部に無塩素漂白パルプ あるいは 古紙を利用	有毒な有機塩素化合物発生の軽減（無塩素漂白パルプ） ごみ減量・資源の有効活用（再生紙）	○
製版	CTP（フィルムを介さずデータから直接プレートを作製する方法）	枯渇資源（原油）の保護、産業廃棄物排出量の減少	○
印刷インキ*	植物油を含んだインキ	枯渇資源（原油）の保護、生産可能な農業資源の有効利用	○
製本メルト	難細裂化ホットメルト	細裂化しないために再生紙生産時に不純物としての回収が容易	○
装丁加工	植物性樹脂フィルムを使用した加工 あるいは フィルム無使用加工	枯渇資源（原油）の保護、生産可能な農業資源の有効利用	○

*：パール、メタリック、蛍光インキを除く

本書内容に関するお問い合わせについて

本書に関するご質問、正誤表については、下記のWebサイトをご参照ください。
　　正誤表　　　http://www.shoeisha.co.jp/book/errata/
　　出版物Q&A　http://www.shoeisha.co.jp/book/qa/

インターネットをご利用でない場合は、FAXまたは郵便で、下記にお問い合わせください。
　〒160-0006　東京都新宿区舟町5
　（株）翔泳社 愛読者サービスセンター
　FAX番号：03-5362-3818

電話でのご質問は、お受けしておりません。

※本書に記載されたURL等は予告なく変更される場合があります。
※本書の出版にあたっては正確な記述につとめましたが、著者や出版社などのいずれも、本書の内容に対してなんらかの保証をするものではなく、内容やサンプルに基づくいかなる運用結果に関してもいっさいの責任を負いません。
※本書に掲載されているサンプルプログラムやスクリプト、および実行結果を記した画面イメージなどは、特定の設定に基づいた環境にて再現される一例です。

※本書に記載されている会社名、製品名はそれぞれ各社の商標および登録商標です。

第1章

スマートハウスの市場動向

　スマートハウスとは、省エネルギー性能の高い住宅に、HEMS（住宅用エネルギー管理システム）と、太陽光発電などでエネルギーをつくり出す「創エネ」装置、エネルギーを蓄えて必要なときに使う「蓄エネ」装置、そしてエネルギーを効率的に使う「省エネ」装置を備えたもので、商用電源や都市ガス・LPガスなどの消費を少なくした住宅です。

　当初、スマートハウスはCO_2排出を減らして地球温暖化を防止するという狙いで開発されてきました。しかし、東日本大震災以降は福島第1原子力発電所の事故や計画停電をきっかけに、災害時にエネルギーを自給自足できる機能に注目が集まり、大手ハウスメーカーや工務店などから続々とスマートハウスが発売されています。今後も市場はさらに広がる見込みです。

1-1 建築、設備、ITでエネルギーを最適制御するスマートハウス

スマートハウスとは、エネルギーを節約する（省エネ）・つくる（創エネ）・ためる（蓄エネ）機能を持った住宅です。省エネ、創エネ、蓄エネを自動制御する「HEMS（住宅用エネルギー管理システム）」によって、商用電源やガスなどの使用量の削減、電力ピーク時間の変動、といった最適制御が可能になります。

◻ 省エネ

スマートハウスの基本的な機能は、照明や冷暖房、給湯などに必要なエネルギーをできるだけ減らすことです。住宅本体は壁や床、屋根などの断熱性能を高め、すきま風を防ぐ「高断熱・高気密」の構造にし、太陽光を「自然照明」として有効利用できる設計が理想です。また冬場は太陽光を暖房として利用し、夏場は太陽光を遮って住宅全体に風が回るようにして、自然換気性能を高めます。住宅自体を省エネ設計することを「パッシブデザイン」と呼びます。

また、エアコンや照明器具、給湯機器などは、できるだけ効率のよいものを使うことで省エネを図ります。

◻ 創エネ

スマートハウスの特徴的な設備として、太陽光発電パネルや燃料電池、太陽光温水器など住宅で利用可能なエネルギーをつくり出す装置があります。これら創エネ技術・設備により、商用電源やガス、石油など外部の企業から購入するエネルギーを減らすことができます。余った電力は電力会社に売って売電収入を得ることもできます。

◻ 蓄エネ

スマートハウスには、一般に余った電力などのエネルギーをためておく住宅用蓄電池が装備されています。昼間、太陽光発電の電力が消費電力より多くなった時に蓄電池に充電しておき、夜間は逆に蓄電池の電力を住宅内で使います。逆に、

夜間の割安な電力をためて、昼間に使うことで電力の「ピークカット」を行うこともできます。停電時には非常用電源としても機能します。電気自動車（EV）を住宅の電源系統に接続し、EVの蓄電池を蓄エネの装置として使うこともあります。

☐ HEMS（Home Energy Management System）

住宅内の電気の消費や流れを上手にコントロールする「電気の管制塔」の役目をする装置です。たとえば、太陽光発電パネルで発電した電気を使うか、蓄電池にためるか、それとも電力会社に売るか、といった判断を時間帯や蓄電池の残容量、電力の使用量などを考慮しながら賢く行います。

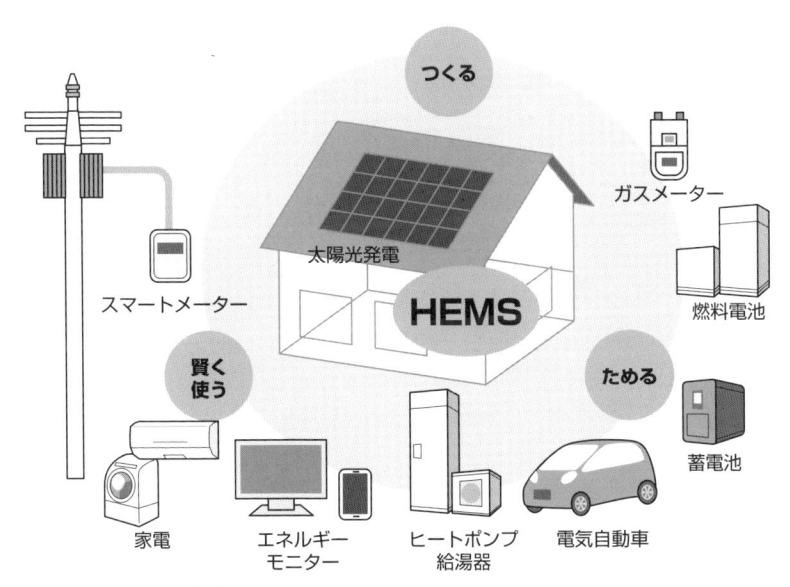

スマートハウスの概念図
住宅や空調設備の「省エネ」、太陽光発電や燃料電池による「創エネ」、蓄電池による「蓄エネ」の機能を持ち、電力の流れを HEMS で最適に制御する。

1-2 スマートハウスのメリット
自家発電利用で光熱費を削減

スマートハウスの最大の特徴は、太陽光発電パネルなどで電気を自前でつくり出す自家発電の機能を持っていることです。自家発電した電力を活用することで光熱費を大幅に下げるとともに、余った電力を電力会社に売ることで収入が得られます。さらに停電時も電気が使えるという防災上のメリットもあります。

■【メリット1】光熱費が大幅に減る

スマートハウスの最大のメリットは、自家発電などの「創エネ」機能を持っているため、光熱費が大幅に減ることです。

代表的な創エネ装置である太陽光発電パネルは、容量が1 kWに対して1年間で約1,000 kWhの電力を生み出します。住宅用太陽光発電パネルの平均容量は約4 kWなので、住宅1棟当たり1年間に4,000 kWhとなります。この電力を自家消費することで、電力会社やガス会社に払う光熱費を大幅に節約できます。

昼間の太陽光発電で余った電力は、電力会社に売電して、収入になります。その買取り価格は太陽光発電パネルの設置から10年間、1 kWh当たり38円です(平成25年度の10 km未満)。電力を上手に使いながら、売電収入を得ると、逆に利益が出ることもあります。

■【メリット2】停電時に「非常用電源」になる

スマートハウスのもう一つの特徴である「蓄エネ」機能は、停電時には「非常用電源」として使えるので、地震や台風などの災害時にも安心です。数日〜数週間にわたる長期間の停電時には、昼間に太陽光発電した電気を節約しながら使い、余った電力を蓄電池にためて夜間に使うことで、電力の自給自足生活も可能になります。

たとえば、6.6 kWhもの容量を持っている東芝ライテックの定置式家庭用蓄電システム「エネグーン」の場合、停電した時も照明(100 W)や冷蔵庫(160 W)、テレビ(150 W)、パソコン(30 W)を約12時間も使えます。

◼ 【メリット3】ピーク電力の削減と電力消費の平準化

　夏場のお昼過ぎは気温が上がり、エアコンなどがフル稼働するために住宅の消費電力がピークに達します。この時、創エネ、蓄エネ機能を持ったスマートハウスは、太陽光発電や蓄電池の電力など自前の電気を使うので、ピーク電力を減らすことができます。また、夜間電力を給湯器や蓄電池に使うことで、昼と夜の電力消費の差を小さくする「平準化」も行えます。これらは、電力会社の発電施設を小型化し、効率的に運用することにもつながります。

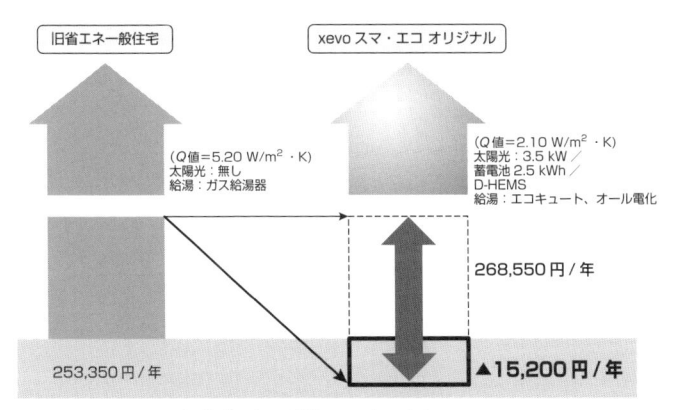

旧省エネ一般住宅
（Q値=5.20 W/m^2・K）
太陽光：無し
給湯：ガス給湯器

xevo スマ・エコ オリジナル
（Q値=2.10 W/m^2・K）
太陽光：3.5 kW／蓄電池 2.5 kWh／D-HEMS
給湯：エコキュート、オール電化

253,350 円/年
268,550 円/年
▲15,200 円/年

スマートハウスの光熱費が"利益"になる例
床面積 136.23 m^2 の住宅の場合、旧省エネ基準（昭和55年基準）による仕様で関西など「IV地域」に建てた場合に年間 25万 3,350円発生する光熱費が、大和ハウス工業の「スマ・エコ オリジナル」の場合は 26万 8,550円削減でき、光熱費はマイナス、つまり利益になる。関西電力、大阪ガスの料金体系を「xevo」（136.23 m^2）に適用して試算。2011年9月1日時点（資料提供：大和ハウス工業）

定置式家庭用蓄電システム
「エネグーン」
（資料提供：東芝ライテック）

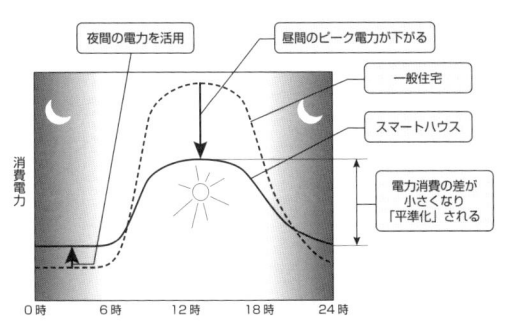

ピーク電力の削減と平準化のイメージ

1-3 スマートハウスの使い方
環境、経済、防災など目的で選択

スマートハウスの使い方は、さまざまです。エネルギーをできるだけ自給自足してCO_2排出量の削減に貢献する、昼間の余剰電力の売電を最大限に生かして光熱費を最小化する、地震などの災害で停電が発生した時に備えるなど、同じスマートハウスでも目的によって「運転モード」を切り替えて使えます。

◻ CO_2排出量削減への貢献

太陽光発電でつくった電気を最大限に生かして生活することで、エネルギーの"自給自足"を追求する使い方です。昼間は太陽光発電でつくった電気で生活し、余剰電力は売電に回すのではなく、住宅用蓄電池やEVなどに充電し、夜間にも太陽光発電の電気を使うようにします。足りない電力だけを電力会社から買うので買電量は非常に少なくできます。その結果、住人の立場からみると火力発電所から排出するCO_2削減に貢献したことになります。

◻ 光熱費の最小化

売電と割安な深夜電力を昼間に使うことにより、光熱費を最小化する使い方です。昼間は太陽光発電で生活するとともに、余剰電力を電力会社に売電します。一方、朝夕には深夜に住宅用蓄電池に充電しておいた電力を使います。売電の単価は電気代よりも高く設定されているため自家消費するのに比べて"差益"が発生し、単価が安い深夜電力を単価が高い日中の時間帯に使うことでも"差益"が発生します。この二つの差益によって電力会社に払う電気代を最小限に抑えることができます。

◻ 災害や停電への備え

地震などの災害によって停電した場合に備えて、生活に必要な最小限の電力を自給自足することをめざした使い方です。昼間は太陽光発電の電力で暮らすとともに住宅用蓄電池に充電し、夜間は蓄電池の電力を使って生活します。

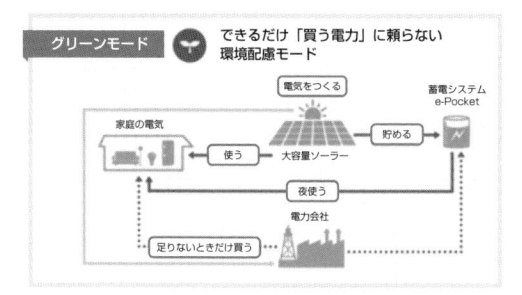

グリーンモード
できるだけ「買う電力」に頼らない環境配慮モード

昼間は太陽光発電でつくった電力で生活するとともに蓄電池（e-Pocket）に充電。夜間は蓄電池の電力で生活し、足りない電力だけを電力会社から買うスタイル。太陽光発電による自然エネルギーを最大限に生かして生活することで、CO_2排出量を減らし、環境や社会にも貢献できる。

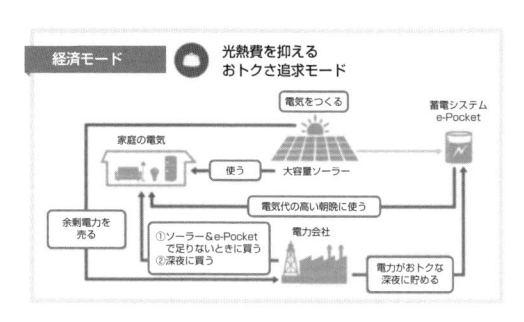

経済モード
光熱費を抑えるおトクさ追求モード

昼間は太陽光発電の電力で生活し、余剰電力を電力会社に売電。朝晩は電力料金が安い深夜に蓄電池に充電しておいた電力を使うスタイル。売電収入と単価の安い深夜電力を昼間の時間帯に活用することで光熱費を最小限に抑えられ、電力ピークカットの効果もある。

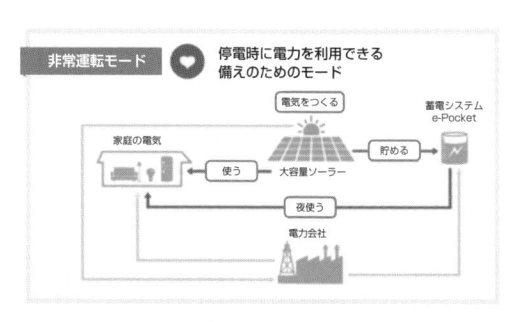

非常運転モード
停電時に電力を利用できる備えのためのモード

停電時に蓄電池の電力を限定した機器や部屋に自動供給する。昼間は太陽光発電でつくった電力を利用し、余った電力を蓄電池にためておくことで、夜間も電力を使って生活できる。停電時もテレビや冷蔵庫も使え、生活への支障を減らすことができる。

スマートハウスの運転モード
（資料提供：積水化学工業）

1-4 スマートハウスの製品例
大手メーカーやビルダーの戦略と価格

大手のハウスメーカーや有力ビルダーは、各社の強みを生かしたスマートハウスを製品ラインアップに加えています。ベースとなる住宅は軽量鉄骨のプレハブ住宅から木造軸組在来工法までさまざまですが、高気密・高断熱や自然通風、自然採光、太陽光の利用などのパッシブ性能を追求したものが多くなっています。

◻ パッシブ性能の高い住宅をベースに

住宅本体は、軽量鉄骨タイプから木質系プレハブ、伝統の木造軸組在来工法まで各社が得意とする工法でつくられています。住宅自体を省エネ化するため、夏は自然通風や遮熱、ひさしなどを活用して冷房負荷を下げ、冬は高気密・高断熱や太陽熱、地熱などを暖房に生かすなどの工夫が凝らされています。

◻ ガスによるダブル発電も活用

創エネ装置として太陽光発電は必ず採用されていますが、ガスを燃料として発電する住宅用燃料電池「エネファーム」や小型ガスエンジン発電装置「エコウィル」を第2の創エネ装置として導入し、「ダブル発電」仕様としたスマートハウスもあります。エネファームやエコウィルは発電と同時に給湯も行います。

◻ EV・PHEV、家電との連携

蓄エネ装置としては住宅用蓄電池のほか、EVやPHEV（プラグインハイブリット車）の車載蓄電池を利用するスマートハウスも多くみられます。また、HEMSと住宅設備・家電製品・防犯機器の連携に力を入れた製品もあります。

◻ 坪単価は40万〜80万円台まで

太陽光発電システムは1kW当たり50万〜60万円、HEMSは十数万円、住宅用蓄電池は200万円前後の製品が多いようです。坪単価は40万〜80万円台まで住宅の仕様や設備によってさまざまなバリエーションがあります。

積水ハウス ●グリーンファーストハイブリッド

EVを含め3タイプの蓄エネシステムを用意

　積水ハウスは高気密・高断熱住宅をベースにした「グリーンファーストハイブリッド」というスマートハウスを展開しています。利用する蓄エネシステムにより、「ハイブリッド」(太陽光発電パネルと燃料電池を併用し、容量8.96 kWhの大型蓄電池を利用)、「LiB」(太陽光発電パネルと燃料電池を併用し、リチウム蓄電池を利用)、「V2H」(太陽光発電パネルと蓄エネ装置としてEV「日産リーフ」の容量24 kWh車載蓄電池を利用)の3タイプが用意されています。2013年4月には、ゼロエネルギー住宅「グリーンファースト ゼロ」が発売されました。

　【参考価格】　高耐久鉛蓄電池(8.96 kWh。パワコン・HEMS付き)が200万円、リチウム蓄電池(4.65 kWh。パワコン・HEMS付き)が170万円、EV搭載電池用給電システムが57万円(税込み)。

太陽光発電と燃料電池「エネファーム」に大容量8.96 kWhの大型蓄電池を備えた「グリーンファーストハイブリッド」の外観(資料提供：積水ハウス)

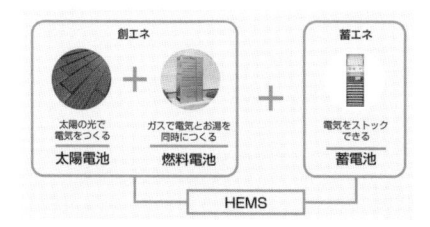

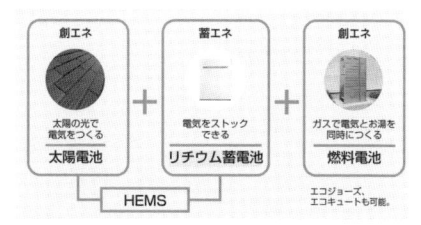

「ハイブリッド」の設備　　　　　「LiB」の設備(資料提供：積水ハウス)

🏠 大和ハウス工業 ● xevo（ジーヴォ）スマ・エコ オリジナル

省エネ性の高い住宅に独自開発のHEMSを搭載

　大和ハウス工業は外張り断熱通気外壁など、省エネ性と耐久性が高い住宅「xevo（ジーヴォ）」をベースに開発した「スマ・エコ オリジナル」というブランドのスマートハウスを展開しています。

　HEMSには同社独自開発の「D-HEMS」を採用し、モニターとしてタブレット端末「iPad2」を使用します。蓄電池の充電・放電操作をサーバーで自動的に行える業界初の「おまかせ自動運転」の機能もあります。

　2013年4月1日にリチウムイオン蓄電池を従来の2.5 kWhから6.2 kWhへ大型化し、エアコンの自動制御や水道・ガスの使用状況を確認できるようにした「スマ・エコ オリジナルⅡ」も発売されました。

　【参考価格】　スマ・エコ オリジナルⅡ仕様への変更差額：D-HEMS Ⅱ（iPad2含む）＋リチウムイオン蓄電池（6.2 kWh）が210万円（※水道・ガスの見える化、エアコン自動制御はオプション）。太陽光発電システムが1 kW当たり52万5,000円（税込み）。

戸建住宅「xevo」に6.2 kWhの住宅用リチウムイオン蓄電池、太陽光発電システム、独自開発の「D-HEMS Ⅱ」を組み合わせたスマートハウスの例（資料提供：大和ハウス工業）

iPad2をモニターとして使う「D-HEMS Ⅱ」（左）。6.2 kWh（出力3 kW）の住宅用リチウムイオン蓄電システム「POWER iE 6」（右）（資料提供：大和ハウス工業）

積水化学工業 ●進・スマートハイム

HEMSがクラウドと連携したコンサルティング

　積水化学工業の住宅ブランド「セキスイハイム」のスマートハウス版が「進・スマートハイム」です。高気密・高断熱のプレハブ住宅に平均4.78 kWの大容量太陽光発電パネルやリチウムイオン蓄電池採用の蓄電システム「e-Pocket」を搭載しています。クラウドサービスと連携する独自のHEMS「スマートハイム・ナビ」は、消費電力量をほかのユーザーの平均値と比べたり、省エネのアドバイスを受けたりすることができます。モニターにはパソコンやタブレット端末、スマートフォンなどを使い、無線LANやインターネットを通じて屋内や屋外からも消費電力量などを確認できます。2013年3月には、スマートハイム・ナビの累計搭載が2万棟（受注ベース）を突破しました。

　【参考価格】　太陽光発電パネル（4.78 kW）、蓄電池（5.53 kWh）、スマートハイム・ナビ（HEMS）のセットで376万9,000円（税込み）。

進・スマートハイムの外観（資料提供：積水化学工業）

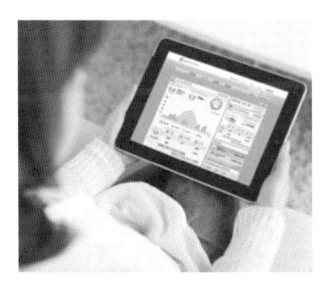

クラウドと連携するHEMS「スマートハイム・ナビ」。タブレット端末などをモニターとして使える（資料提供：積水化学工業）

ミサワホーム ● SMART STYLE E（スマートスタイル・イー）

太陽光と太陽熱を同時利用する木質系スマートハウス

　ミサワホームの「SMART STYLE E」は、高断熱・高気密住宅をベースに風通しをよくし、深い軒で日射を遮り、庭の樹木で風向きをコントロールする、といった独自の「微気候デザイン」をとり入れたスマートハウスです。冬季には太陽光発電パネルの裏側で温められた空気をファンで床下に送り、天然の床暖房として利用する「カスケードソーラーシステム」を採用。独自のHEMS「enecoco（エネココ）」は、電気やガスや水道の使用状況を見える化するほか、クラウドと連携して気象予測情報に応じた省エネアドバイスを受けたり、ソーシャル・ネットワーキング・サービス（SNS）機能でほかのミサワオーナーや家族間と情報交換したりすることができます。

　【参考価格】延べ床面積132.49 m^2、カスケードソーラーシステム（太陽光発電3.60 kW）、蓄電池（2.5 kWh相当）、enecocoモニター（HEMS）、制震装置MGEO、プラスワン運用（サンルーム＋ビッグバルコニー）などをプラスした「2階建KURAアドバンスモデル」が3,143万7,000円（税込み）。

SMART STYLE「E」の外観（資料提供：ミサワホーム）

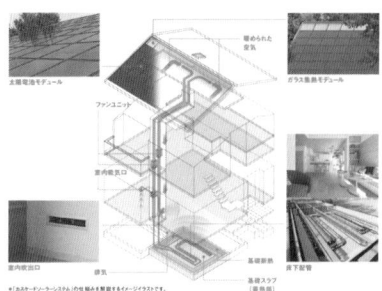

冬季、太陽熱を床暖房に利用する「カスケードソーラーシステム」（資料提供：ミサワホーム）

◻ タマホーム ● T-SMART

伝統の木造軸組在来工法をスマートハウスに生かす

　タマホームのスマートハウス「T-SMART」は、太陽光や通風を生かしたパッシブデザインを基本とした伝統の木造軸組在来工法がベースです。創エネ装置は太陽光発電システムのほか住宅用燃料電池「エネファーム」または小型ガスエンジン発電機「エコウィル」、蓄エネ装置としてリチウムイオン蓄電池、給湯装置としてエコキュートやエコジョーズを用意しています。HEMSとこれらの設備を組み合わせたさまざまなタイプを用意しています。第1種熱交換型セントラル換気システムやLow-E複層ガラス＋半樹脂サッシ、電動スリットシャッター、LED照明、EV用コンセントなど先端設備を導入しています。タマホームは2013年6月以降の新築・分譲住宅には、HEMSの搭載を標準仕様にします。

T-SMARTの外観（資料提供：タマホーム）

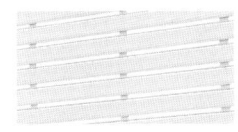

スリット開

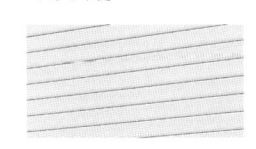

スリット閉

標準装備されている電動スリットシャッター（資料提供：タマホーム）

住友林業 ● Smart Solabo（スマートソラボ）

ライフスタイルに合わせて多彩な環境配慮機器を用意

住友林業のスマートハウス「Smart Solabo（スマートソラボ）」には、自然の風や日差しを効果的に利用して夏は涼しく冬は温かく過ごす"涼温房（りょうおんぼう）"の発想で設計された木の家をベースに、ライフスタイルに合わせたエネルギー利用を可能にするため、多彩な環境配慮機器、太陽光発電パネルや家庭用燃料電池「エネファーム」、4.8 kWhまたは12 kWhのリチウムイオン蓄電池やEVと連携できる「V2Hシステム」が用意されています。将来的には、再生可能な資源である木を活かした住まい作りを通じて、「ゼロエネルギー住宅」や「LCCM（ライフサイクルカーボンマイナス）住宅」の実現もめざしています。

【参考価格】 3.3m^{2}あたり59万円から。

夏は涼しく、冬は温かい木の家をベースにしたスマートハウス「Smart Solabo」の外観（資料提供：住友林業）

"涼温房"の概念　（資料提供：住友林業）

家庭用蓄電池
「スマートソラボ」に搭載される蓄電池。住宅用としては最大級となる12 kWhタイプ（左）、と4.8 kWhタイプ（右）（資料提供：住友林業）

パナホーム ●スマート・パナホーム（Smart PanaHome）

先進のエネルギー技術と自然の恵みを生かす

　先進のエネルギー技術と、光や風、地熱などを生かすパッシブデザイン、自然素材を生かしたパナソニックグループならではのスマートハウスです。雨が降ると自動的に閉まる「電動オーニング窓」や自動排気する「センサーファン」を備えた洗濯用スペース「家事楽ドライピット」や、自然換気と機械換気を自動で切り替える「エコナビ搭載換気システム」、EV充電用コンセントなどの先進的な設備を備えています。独自開発の「スマートHEMS」は、エアコンやエコキュート、IHクッキングヒーターなど家電やクラウドとも連携し、停電時にはバックアップ用分電盤を通じて重要度の高い機器に電力を供給します。さらにLANや電話の中核機器「まとめてねット」で住宅内のAV機器やパソコンとも連携します。

　【参考価格】　軽量鉄骨HS構法、2階建て、延べ床面積123.04 m^2、「スマートHEMS（創蓄連携タイプ）」採用の代表モデルプランで本体価格2,912万円（税込み）。

スマート・パナホームの例（資料提供：パナホーム）

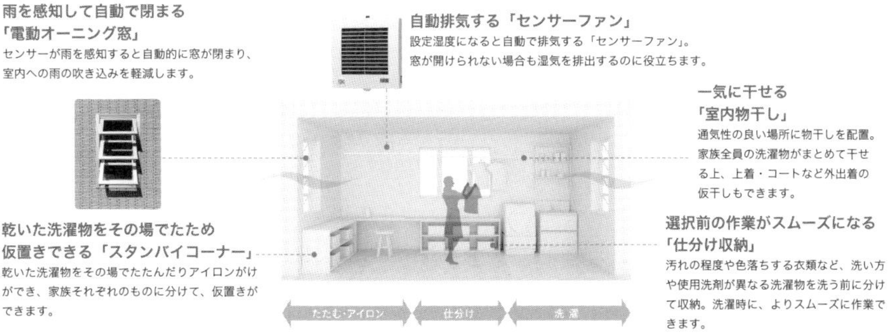

雨を感知して自動で閉まる「電動オーニング窓」
センサーが雨を感知すると自動的に窓が閉まり、室内への雨の吹き込みを軽減します。

自動排気する「センサーファン」
設定湿度になると自動で排気する「センサーファン」。窓が開けられない場合も湿気を排出するのに役立ちます。

一気に干せる「室内物干し」
通気性の良い場所に物干しを配置。家族全員の洗濯物がまとめて干せる上、上着・コートなど外出着の仮干しもできます。

乾いた洗濯物をその場でたため仮置きできる「スタンバイコーナー」
乾いた洗濯物をその場でたたんだりアイロンがけができ、家族それぞれのものに分けて、仮置きができます。

選択前の作業がスムーズになる「仕分け収納」
汚れの程度や色落ちする衣類など、洗い方や使用洗剤が異なる洗濯物を洗う前に分けて収納。洗濯時に、よりスムーズに作業できます。

電動オーニング窓やセンサーファンを備えた「家事楽ドライピット」（資料提供：パナホーム）

旭化成ホームズ●ヘーベルハウス

ロングライフ住宅をスマートハウス化

　旭化成ホームズの都市型住宅「ヘーベルハウス」は、断熱性、耐火性、耐久性、耐震性といった基本性能を重視した住宅をベースにしたスマートハウスを提案しています。創エネ装置として太陽光発電パネルや住宅用燃料電池「エネファーム」、蓄エネ装置として7.2 kWhの大容量リチウムイオン蓄電池やEVという合計4種類の電池を、独自のHEMSによって制御します。価値や満足感が長く続く「ロングライフ住宅」をコンセプトにしたスマートハウスです。ヘーベルハウスには壁の内側に「スマートポケット」というスペースが設けられており、配線や配管と断熱材の干渉が少ない構造になっています。

　【参考価格】　100m^2、HEMS、2階建一戸建住宅ヘーベルハウス、太陽光発電（4kW）、蓄電池（7.2kWh）、エコキュートorエネファーム仕様で約2,400～2,600万円（税込み）。

スマートハウスの設備を搭載したヘーベルハウス（資料提供：旭化成ホームズ）

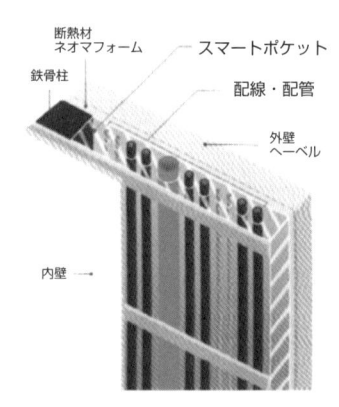

多くの配線・配管を収められる「スマートポケット」（資料提供：旭化成ホームズ）

HEMS	太陽光発電	燃料電池	定置型リチウムイオン蓄電池（7.2 kWh）	V2Hシステム
京セラ	京セラなど	東京ガス・大阪ガス	京セラ	ニチコン

設備の内容と供給会社（資料提供：旭化成ホームズ）

一条工務店 ● i-smart

全熱交換器付き超気密・超断熱住宅がベース

　一条工務店のスマートハウス「i-smart」は、断熱性を表すQ値が$0.81\ \text{W/m}^2\cdot\text{K}$、気密性を表す$C$値が$0.59\ \text{cm}^2/\text{m}^2$という"超気密・超断熱"住宅をベースにしています。耐震性や耐火性に優れた2×6工法によるツイン・モノコック構造を採用し、屋根と一体化したスマートな太陽光発電パネル、独自開発の全熱交換換気システム「ロスガード90」、複層Low-Eガラス付き樹脂サッシ、窓と部屋の間に断熱層をつくるハニカムシェード、外内ダブル断熱、ヒートポンプ式全館床暖房など、ユニークな設備を満載しています。初期支出がゼロになるオリジナルの「夢発電システム」により、1軒あたりの平均が12 kWという大容量の太陽光発電パネルを搭載している。

i-smartの外観（資料提供：一条工務店）

独自開発の太陽光発電パネル（左）。高機能Low-Eガラスを採用したサッシ（右）（資料提供：一条工務店）

三井ホーム● green's II

太陽熱も生かす「木の家2×4工法」のスマートハウス

「木の家2×4工法」にこだわる三井ホームの「green's II」は、敷地の特性に合わせた緑の配置や太陽光の調節、風の流れを生かし、自然の心地よさを取り入れた「パッシブ・エコ設計」の高気密・高断熱住宅をベースにしたスマートハウスです。HEMSのほか太陽光発電パネル、住宅用蓄電池またはEVを蓄電池として使うV2Hシステムを備え、給湯にはエコキュートやエコジョーズのほか屋根一体型高効率太陽熱ソーラーシステム「サンキュート」も併用し、省エネ度を高めています。空調には1台7役（冷房、暖房、除湿、加湿、換気、空気清浄、脱臭）の独自のトータル空調システム「スマートブリーズ」を採用しています。

【参考価格】 延べ床面積 206.59 m^2、太陽光発電システム 6.50 kW、家庭用蓄電システム 5.53 kWh、ECOマネシステム、EVコンセント設備、プレミアムエコ仕様、トータル空調システム「スマートブリーズ」を含むモデルプランの本体工事価格で5,447万850円（税込み）。

green's II の外観（資料提供：三井ホーム）

2012年度グッドデザイン賞を受賞した屋根一体型高効率太陽熱ソーラーシステム「サンキュート」（上）。1台7役のトータル空調システム「スマートブリーズ・プラス」の室内機（下）
（資料提供：三井ホーム）

LIXIL 住宅研究所 アイフルホームカンパニー
● c'e・si・bo SMART HOUSE（セシボ スマートハウス）

自然通風や遮熱などのパッシブ性能を重視

　LIXIL住宅研究所 アイフルホームカンパニーの「セシボ スマートハウス」はパッシブ性能を重視したスマートハウスです。緩やかな温度差換気を利用した「創風」による自然通風、太陽光の積極的活用、Low-Eガラスや遮熱シートと通気層からなるオリジナル遮熱工法により、屋根から室内への熱の侵入を低減するなど、省エネ性能を追求した住宅をベースに、HEMSや太陽光発電パネル、エコキュートを搭載したものが標準仕様になっています。オプションで雨水利用タンクや水盤、半透明のグレーチング床、透明アクリルパネルの手すり壁などもあります。機能とデザインを進化させた「セシボ デザイナーズ スマートハウス」も3プラン限定で用意されています。

　【参考価格】　延べ床面積122 m^2、HEMS、太陽光発電（3.04 kW）、エコキュート搭載の「スマートハウス仕様」で1,520万円（税込み）。蓄電池、エネファーム、太陽熱利用エコキュート、EV用コンセントなどはオプション。

「セシボ スマートハウス」のナチュラルモダンスタイルの外観（資料提供：LIXIL 住宅研究所 アイフルホームカンパニー）

「セシボ デザイナーズ スマートハウス」の外観（上）。パッシブ性能を重視したスマートハウス全体のイメージ（下）（資料提供：LIXIL 住宅研究所 アイフルホームカンパニー）

🏠 トヨタホーム
● SINCÉ feelas（シンセ・フィーラス）、SINCÉ asuie（シンセ・アスイエ）

住まいとクルマと連携するスマートハウス

　トヨタホームの「SINCÉ feelas（シンセ・フィーラス）」、都会型の「SINCÉ asuie（シンセ・アスイエ）」は、EVやPHEVとの連携機能が充実したスマートハウスです。HEMSからEV・PHEVの蓄電池残量確認や車内のエアコン制御が行えるほか、停電時には車載コンセントや蓄電池の電気を住宅内で利用することができます。HEMSはインターネットでトヨタスマートセンターと連携し、外出先からスマートフォンで住宅の情報を見たり、操作したりすることも可能です。このほか、HEMSと連携する電気錠「ラ・ロック」や全館空調「スマート・エアーズ」、防犯性の高いブラインドシャッター「エアリーガード」、住宅用蓄電池など、最先端の設備が導入されています。

　【参考価格】　140.24 m^2、HEMS、太陽光発電、蓄電池、EV・PHV充電器、全館空調「スマート・エアーズ」を含む「上級グレード」で2,965万6,000円（税込み）。

SINCÉ feelas（シンセ・フィーラス）（左）とSINCÉ asuie（シンセ・アスイエ）の外観（資料提供：トヨタホーム）

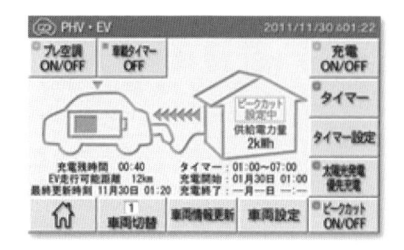

HEMSの画面。EV・PHEV・HVが連携し、住宅内からクルマの操作を行える（資料提供：トヨタホーム）

>> 第1章 スマートハウスの市場動向

■ ヤマダ・エスバイエルホーム ● esmile+（e スマイルプラス）
高品質・豊富なランナップでコストパフォーマンス重視

　エス・バイ・エルは親会社のヤマダ電機と共同して、「SMART HOUSING（スマートハウジング）」ブランドのスマートハウスを展開しており、その普及版モデルが「esmile+（eスマイルプラス）」です。エス・バイ・エルの設計力を生かしたパッシブデザインの木造住宅をベースとし、創エネ、蓄エネ、省エネ設備は、ヤマダ電機の調達力により国内全メーカーのHEMSや太陽光発電システム、住宅用蓄電池、エコキュートなどを自由に選べるのが特徴です。HEMSとインターネットとの連携、EV用コンセントやLED基本照明の導入など、幅広いソリューションを提供しています。

　【参考価格】　太陽光発電システム（4.24 kW）、オール電化仕様、LED基本照明を含む「プランES-40QW24」が施工坪数40.57坪で46.4万円／坪（税込み）。

G-SMART の外観（資料提供：ヤマダ・エスバイエルホーム）

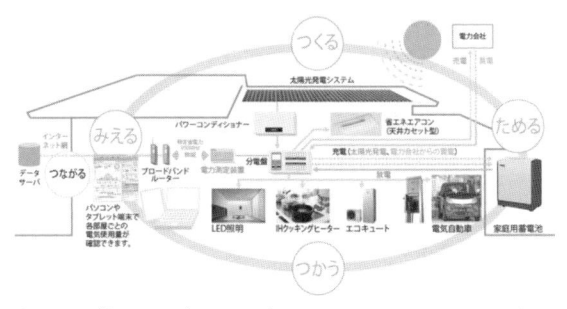

創エネ、蓄エネ、省エネを実現するスマートハウジング（資料提供：ヤマダ・エスバイエルホーム）

1-5
スマートハウスの市場規模
東日本大震災以降、急激な伸び

2011年3月11日の東日本大震災での福島第1原発の事故による計画停電や電力不足をきっかけに、日本のスマートハウス市場は急速に伸び始めました。2011年度の市場規模はHEMS、創エネ、蓄エネの主要機器だけで6,343億円、EVやスマート家電などを含めると2012年度は1兆8,409億円になるという調査結果があります。

■ HEMS、創エネ、蓄エネだけで6,343億円

矢野経済研究所が2012年に行った日本国内のスマートハウス関連主要設備市場調査によると、2011年度の市場規模は6,343億円になるとみられています。この調査は、制御系機器、創エネ系機器、蓄エネ系機器の主要8品目を対象に調査したもので、工事費やスマート家電などは含まれていません。

■ HEMS、蓄電システムは導入助成金が普及を後押し

矢野経済研究所の調査では、スマートハウス関連主要設備機器の市場は今後、急速に伸び続けると予測しています。

震災前の2010年度と比較すると、2020年度における市場規模は2.36倍になり、うちHEMSは74倍の260億円、蓄電システムは563倍の450億円に拡大すると予測しています。HEMSと蓄電システムには、2012年度から導入助成金が交付され、普及を後押しする可能性は高いとしています。

🔲 2011年は「スマートハウス元年」

　日本では以前、スマートハウスはCO_2排出量削減で地球環境保護に貢献する製品の位置付けでしたが、2011年の東日本大震災以降は電力危機や災害に対応するための必需品に変わりました。

　そのニーズを受け2011年にハウスメーカーや電機メーカーなどが続々とスマートハウス関連製品を発売し、急速に市場の拡大が始まったため富士経済は2011年を「スマートハウス元年」と呼んでいます。

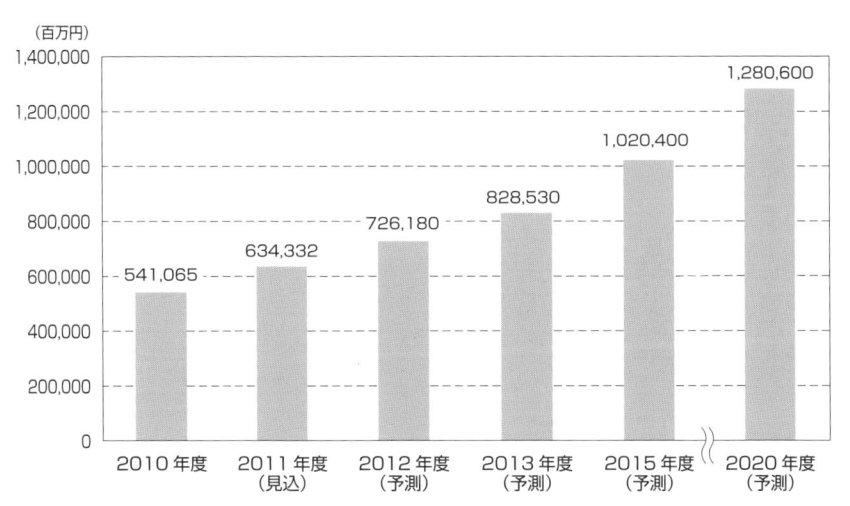

年度	市場規模（百万円）
2010年度	541,065
2011年度（見込）	634,332
2012年度（予測）	726,180
2013年度（予測）	828,530
2015年度（予測）	1,020,400
2020年度（予測）	1,280,600

注：末端販売額ベース（工事費を含めない）で、（見込）は見込値、（予測）は予測値（2012年5月現在）である。

スマートハウス関連主要設備機器の市場規模
調査期間：2012年2～5月。調査対象：スマートハウス関連機器メーカー、住宅メーカー、関連業界団体。調査対象：計8機器（すべて住宅用）（出所：株式会社矢野経済研究所「スマートハウス関連主要設備機器に関する調査結果　2012」）

1-6 参入企業
家電から自動車まで多業種に参入チャンス

スマートハウスを構成するのは、制御系となるHEMSやスマートメーター、エネ系の太陽光発電や燃料電池、省エネ系のスマート家電やヒートポンプ給湯器、蓄エネ系の蓄電池、そして本体となる住宅であり、参入業種はハウスメーカーから家電、電機、通信、さらには自動車メーカーなど幅広い業種が含まれます。

◻ スマートハウス全体を提供するハウスメーカー

HEMSと省エネ、創エネ、蓄エネをすべてまとめて消費者に提供するハウスメーカーとしては、大和ハウス工業、積水ハウス、エス・バイ・エル、セキスイハイム、ミサワホーム、パナホーム、トヨタホーム、住友林業、ヘーベルハウス、三井ホームなどがあります。

◻ HEMSやスマートメーターを提供する制御系ベンダー

スマートハウスの電気の流れを制御するHEMSやエネルギーモニター、分電盤や、各機器の消費電力を測定するスマートメーター、情報を伝達する通信機器などの関連企業です。

スマートハウスの共通規格である「ECHONET Lite」や「ECHONET」の認証済み機器メーカーとしては、東芝ライテックなど東芝グループ、日新システムズ、サーコム・ジャパン、シンセー電機、パナソニック、大和ハウス工業、富士通、シャープ、岡谷鋼機、積水ハウス、京セラ、アイホンなどがあります。

◻ 太陽光発電パネル関連製品を提供する創エネ系ベンダー

太陽光発電パネルやパワーコンディショナーの大手ベンダーとしては三菱電機、京セラ、パナソニック、シャープ、富士電機、カネカなど、専業メーカーではソーラーフロンティア、長洲産業、YOCASOLなどがあり、このほか海外ベンダーの日本法人などもあります。

また、太陽光温水器のベンダーとしてはノーリツ、長府製作所、矢崎エナジー

システム、リチウヒーター、長州産業、寺田鉄工所などがあります。

◾ エアコンや照明機器などを提供する省エネ系ベンダー

「ECHONET Lite」、「ECHONET」の認証を受けた機器のベンダーとしては東芝ホームアプライアンス（エアコン）、東芝キヤリア（エアコン）、三和シヤッター工業（電動シャッター）、パナソニック（PLCカメラ）などがあります。

またヒートポンプ技術を利用した高効率給湯器「エコキュート」のベンダーとしては、キューヘン、コロナ、四変テック、ダイキン工業、中国電機製造、長府製作所、東芝キヤリア、ハウステック、パナソニック、日立アプライアンス、三菱電機があります。

このほか照明や調理機器、防犯カメラなど、あらゆる家電がHEMSと接続し、制御できるようになると、さまざまなメーカーが参入できる可能性があります。

◾ 住宅用蓄電池を提供する蓄エネ系ベンダー

住宅用蓄電池のベンダーとしては京セラ、東芝ライテック、パナソニック、NEC、ソニー、GSユアサ、シャープ、デンソー、因幡電機産業、エナックス、ナユタ、ニチコン、アイエムティなどがあります。

ハウスメーカー	創エネ系ベンダー	蓄エネ系ベンダー	省エネ系ベンダー	その他関連ベンダー
・スマートハウス全体	・太陽光発電パネル ・コンディショナー ・太陽熱温水器など	・住宅用蓄電池	・スマート家電 ・エコキュート	・EV/PHEV ・充電システム ・家電量販店 ・商社など

スマートハウス市場参入企業

1-7 政府・官公庁の政策
補助金や減税のオンパレード

スマートハウスを建てようという人には、さまざまな優遇策が用意されています。たとえば、HEMSや太陽光発電システムなどの各設備を購入するための補助金、住宅ローンや登記などの減税措置、太陽光発電などの再生可能エネルギーで発電された電気の固定価格買取制度などがあります。

☐ 各設備に対する補助金

スマートハウスを構成する設備の多くには、購入する際に補助金が用意されています。補助金の対象となるのは太陽光発電システムやHEMS、住宅用燃料電池、住宅用リチウムイオン蓄電池、断熱材や蓄熱材などの建材、そしてスマートハウスの蓄電池としても機能するEVやPHEVなどさまざまです。

これらの補助金は、経済産業省や資源エネルギー庁、国土交通省などの官庁が年度ごとに決めた予算がもとになっています。太陽光発電システムへの補助金はしばらくありませんでしたが、東日本大震災後、復活しました。

補助金の額や申請の時期は毎年変わるので、官公庁やスマートハウス関連団体のホームページなどで、こまめに情報収集することが必要です。

☐ 減税措置

国土交通省などは省エネ・グリーン化を推進するため、認定省エネ住宅(仮称)を購入する場合の住宅ローン減税制度の控除対象借入限度額を平成24年度は3,000万円を4,000万円に、25年度は2,000万円を3,000万円に引き上げます。また、所有権保存登記は一般住宅が0.15%のところを0.1%に、所有権移転登記は一般住宅が0.3%のところを0.1%に引き下げます。

☐ 太陽光発電による電力の買取制度

太陽光発電など、再生可能エネルギーによって発電された電気を一定の期間・価格で電力会社が買い取ることを義務づける「再生可能エネルギーの固定価格買

取制度(FIT)」が平成24年7月1日に始まりました。

補助金	(平成23年度第三次補正予算)
	・エネルギー管理システム導入促進事業費補助金(300億円の内数。資源エネルギー庁、経済産業省)
	・定置用リチウムイオン蓄電池導入支援事業費(210億円の内数。経済産業省)
	・民生用燃料電池導入支援補助金(50億円の内数。資源エネルギー庁)
	・住宅用太陽光発電導入支援復興対策基金造成事業費補助金(869.9億円。資源エネルギー庁)
	・住宅用太陽光発電高度普及促進復興対策基金造成事業費補助金(323.9億円。資源エネルギー庁)
	(平成24年度予算)
	・住宅・建築物のネット・ゼロ・エネルギー化推進事業(70億円の内数。経済産業省)
	・住宅のゼロ・エネルギー化推進事業(23.1億円。国土交通省)
	・クリーンエネルギー自動車等導入促進対策費補助金(292億円。経済産業省)
	・民生用燃料電池導入支援補助(90億円の内数)
	(平成25年度予算)
	・住宅・ビルの革新的省エネ技術導入促進事業費補助金(110億円。経済産業省)
	・クリーンエネルギー自動車等導入促進対策費補助金(300億円。経済産業省)
	・住宅用太陽光発電導入支援補助金
減税措置	(平成24年度税制改正)
	・認定低炭素住宅に係る住宅ローン減税制度の創設(所得税。経済産業省、国土交通省)
	・認定低炭素住宅に係る所有権の保存登記等の軽減措置の創設(登録免許税。経済産業省、国土交通省)
買取制度	・再生可能エネルギーの固定価格買取制度(経済産業省)

スマートハウスの優遇策の例
(資料:「スマートハウス関連施策について」2012年1月、経済産業省より抜粋。追加)

[column 01]

エコキュートもカッコよく設置しよう

　都市部にスマートハウスを建てる場合、よく問題になるのは住宅用蓄電池や省エネ型給湯器「エコキュート」の置き場所です。とくに家の北側で道路に接する敷地の場合、道路近くに機器を設置することが多く、家の見栄えが悪い場合がありました。

　そこで、トヨタホームが2012年1月に発売した「エスパシオシリーズ」をベースとした都市型スマートハウスでは、ルーバーで機器を目隠しする設置方法を採用しました。

　機器がむき出しに置いてある場合に比べて、ルーバーがあることで建物との一体感が高まります。また、EV・PHVの充電設備は、外観や盗電などの防犯に配慮して奥まった場所に配置されているので安心ですね。

ルーバーの中に住宅用蓄電池やエコキュートを見栄えよく設置したイメージ
（資料提供：トヨタホーム）

第 2 章

スマートハウス用の住宅

　スマートハウスの本体となる住宅は、軽量鉄骨工法や木質系プレハブ工法、そして伝統の木造軸組在来工法など、さまざまな工法のものがあります。共通しているのは太陽光や風、地熱などの自然エネルギーを最大限に生かすことで、電力やガスなどのエネルギーをなるべく使わずにすむように「パッシブ性能」を高くしていることです。

　夏は太陽光を遮り、通風性をよくして冷房のエネルギーを減らし、冬は太陽光や地熱を暖房の補助として使うというような工夫がされています。こうした設計には住宅の3次元モデルを使って設計する「BIM（ビルディング・インフォメーション・モデリング）」という新しい設計手法を用いてエネルギー解析や通風解析などを行うことで、パッシブ性能を最大限に高めることができます。

2-1 スマートハウスの要素技術
省エネ、創エネ、蓄エネの総合技術

スマートハウスは、エネルギーを節約する「省エネ」、エネルギーをつくる「創エネ」、エネルギーをためる「蓄エネ」の機能を持ち、これらを「HEMS（住宅用エネルギー管理システム）」によって自動的に最適制御します。

◻ 省エネ

スマートハウスの基本は、照明や冷暖房、給湯などに必要なエネルギーをできるだけ減らすことです。住宅本体は壁や床、屋根などの断熱性能を高め、すきま風を防ぐ「高気密・高断熱」の構造にし、太陽光を「自然照明」として有効に利用できる設計が理想です。また冬場は太陽光を暖房として利用し、夏場は太陽光を遮り、住宅全体に風が回るようにして自然換気性能を高めます。住宅自体にできるだけ冷暖房がいらないようにすることを「パッシブ」な省エネと呼びます。

また、エアコンや照明器具、給湯機器などは、できるだけ効率のよいものを使うことで省エネを図ります。

◻ 創エネ

スマートハウスの特徴は、太陽光発電パネルや燃料電池、太陽光温水器など住宅で利用可能なエネルギーをつくり出す装置を備えていることです。この創エネにより、商用電源やガス、石油など外部の企業から購入するエネルギーを減らすことができます。余った電力は電力会社に売り売電収入を得ることもできます。

◻ 蓄エネ

スマートハウスには、一般に余った電力などのエネルギーをためておく住宅用蓄電池が装備されています。昼間、太陽光発電の電力が消費電力より多くなった時に蓄電池に充電しておき、夜間は逆に蓄電池の電力を住宅内で使います。停電時には非常用電源としても機能します。電気自動車（EV）を住宅の電源系統に接

続し、EVの蓄電池を蓄エネの装置として使うこともあります。

◻ HEMS（Home Energy Management System）

住宅内の電気の消費や流れを上手にコントロールする「電気の管制塔」の役目をする装置です。たとえば、太陽光発電パネルで発電した電気を使うか、蓄電池にためるか、それとも電力会社に売るか、といった判断を時間帯や蓄電池の残容量、電力の使用量などを考慮しながら賢く行います。

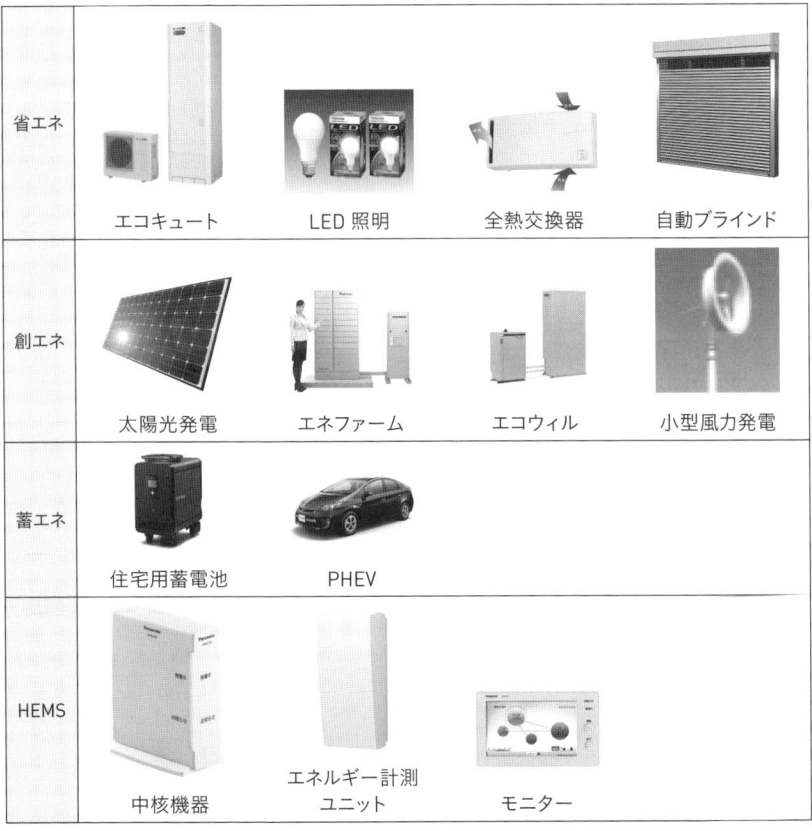

省エネ	エコキュート	LED照明	全熱交換器	自動ブラインド
創エネ	太陽光発電	エネファーム	エコウィル	小型風力発電
蓄エネ	住宅用蓄電池	PHEV		
HEMS	中核機器	エネルギー計測ユニット	モニター	

スマートハウスを構成する技術（資料提供：エコキュート サンデン、LED照明 東芝ライテック、全熱交換器 三菱電機、自動ブラインド アイシン精機、太陽光発電・エネファーム パナソニック、エコウィル 東京ガス、小型風力発電 ウィンドレンズ、住宅用蓄電池 大和ハウス工業、PEHV トヨタ自動車、中核機器・エネルギー計測ユニット・モニター パナソニック）

2-2 » スマートハウス用の住宅
パッシブデザインで省エネを徹底追求

スマートハウスに使う住宅はまず、冷房や暖房、照明などに使う電力やガスなどのエネルギーをできるだけ使わないようにすることが大切です。屋根のひさしや樹木を利用して夏の暑さ、冬の寒さを避け、日中の太陽光を自然照明として有効利用するパッシブデザインを行うとスマートハウスの性能はさらに上がります。

■ 高気密・高断熱住宅

冷房や暖房に必要なエネルギーを減らすためには、「高気密・高断熱住宅」にして夏の暑さや冬の寒さが部屋に入ってこないようにすることが必要です。

「高気密」はすきま風が入らないようにすることです。サッシやドアなどの開口部や屋根、床、壁などの微細なすき間などをできる限りふさいで外部との空気の出入りを換気口だけに限定します。すると冷暖房中はすきま風による自然換気が行えないので、換気口を使った「計画換気」となります。

「高断熱」は、住宅と外気が接する外壁や屋根、窓などの断熱性を高めて、そとの暑さ、寒さが伝わってこないようにすることです。断熱性能の高い断熱材を使ったり、窓には複層ガラス入りサッシを使ったりして、住宅内外の熱伝導やふく射による熱の移動をできるだけ防ぎます。

■ 太陽光エネルギーの制御

太陽光が住宅の中に差し込むと、住宅の中で熱が発生します。冬場はできるだけ太陽光を住宅内に導き入れてその熱を暖房として利用し、夏場は太陽光をできるだけ避けるようにして室内の温度が上がるのを防ぐように設計することが重要です。

屋根のひさしの長さや、多くの羽根板を並行に組んだ「ルーバー」の羽根板の角度を調整することで、冬と夏で太陽光が差し込む範囲を制御することができます。また、庭に落葉樹を植えておくと、夏は茂った葉が太陽光を遮り、冬は落葉して太陽光を透過させるという自然の機能も活用できます。

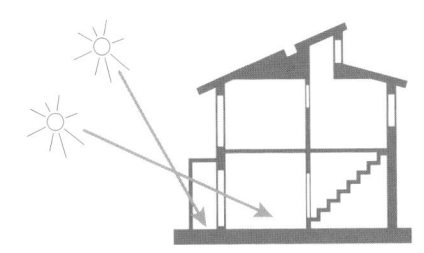

夏は太陽光を遮り、冬は太陽光を導くようにひさしなどを設計する

🔲 通風性能の向上

外気温度が心地よい春や秋の「中間季」は、外気をそのまま室内にとり入れることで空調エネルギーを節約できます。この時、住宅内部の階段や吹き抜け、廊下などを通って各部屋に風が満遍なく流れるように設計しておくと、冷房を使用する期間はさらに短くなり、省エネに貢献します。

🔲 自然光の利用

昼間は太陽光を自然照明として各部屋に導くようにすることで、照明エネルギーを節約できます。住宅の内側で光が届きにくい部屋には、屋根に明かり取り窓を設けたり、天窓を設けたりするほか、天窓から採光用のダクトで各部屋に太陽光を導くこともできます。

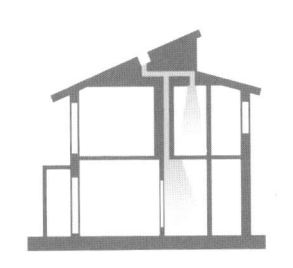

2-3 住宅の省エネ性能評価指標
入る熱、逃げる熱の量を数値化

住宅の省エネ性能は、夏は外部から室内に入ってくる熱が少なく、冬は室内から外部に逃げていく熱が少ないほど高くなります。これらの入る熱、逃げる熱は住宅の向きや開口部の大きさ、断熱材の厚さなどによって異なりますが、数値として定量化するためのさまざまな指標が活用されています。

◻ 熱損失係数（Q値）

室内外の温度差が1℃のとき、建物全体から1時間に床面積1m^2当たりに逃げ出す熱量の値。「Q値」（単位：$W/m^2・K$）で表します。Q値が小さいほど省エネ性能が高くなります。

◻ 夏期日射取得係数（μ値）

建物に屋根、外壁、開口部から進入する日射量を延床面積（m^2）で割った値を「μ値」で表します。μ値が小さいほど日射が入りにくいので冷房効率が高まります。

◻ 熱貫流率（U値）

室内外の温度差が1℃の時、1時間に面積1m^2の壁や床などの部材を通過する熱量の値。「U値」（単位：$W/m^2・K$）で表します。U値が小さいほど省エネ性能が高くなり、Q値やμ値も小さくする方向で影響します。

◻ 年間暖冷房負荷（$MJ/m^2・年$）

年間の暖房エネルギーと冷房エネルギーの合計値（MJ）を延床面積（m^2）で割った値。単位は（$MJ/m^2・年$）。この値が小さいほど省エネ性能が高くなります。

◻ 省エネルギー対策等級

平成12年4月1日に施行された「住宅の品質確保の促進等に関する法律（通称：

品確法)」の住宅性能表示制度に基づく温熱環境、省エネルギー対策の等級。熱損失係数（Q値）、夏期日射取得係数（μ値）、結露防止対策をそれぞれ地域区分に従って評価し、最も低い等級を採用する。2〜4個の星（★）で性能が表され、四つ星は「次世代省エネルギー基準（1999年）」、三つ星は「新省エネルギー基準（1992年）」、二つ星は「旧省エネルギー基準（1980年）」を満たすことを意味します。

🔲 地域区分

日本全国を気候によって五つの地域に分けたもの。寒い地域ほど数が小さく、北海道が「I地域」、沖縄が「VI地域」となっています。

🔲 低炭素認定住宅

平成24年12月4日に施行された「都市の低炭素化の促進に関する法律」に基づく税制優遇措置などを受けられる住宅。省エネ法の省エネ基準に比べて1次エネルギー消費量を10％以上削減し、かつHEMS導入や節水対策、木材利用、ヒートアイランド対策のうちいずれかが行われているもの。

🔲 ゼロエネルギー住宅

高断熱性能を持ち、高性能設備機器や制御機構などを組み合わせることにより、年間の1次エネルギー消費量を差し引きほぼゼロになるようにした新築や既築の住宅。「ネット・ゼロ・エネルギー・ハウス支援事業」の対象となります。

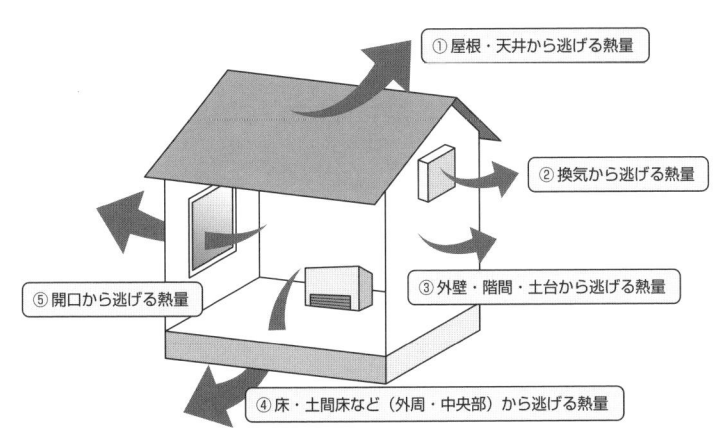

建物から逃げる熱のイメージ

2-4
BIMとは(1)
最先端の3D設計手法

スマートハウスの住宅本体のパッシブな性能や、太陽光発電の効率を最大限に高める設計手法として「BIM（ビルディング・インフォメーション・モデリング。ビムと読みます）」が注目されています。これまでの図面と違って、コンピューター上に実物同様の3次元モデルをつくって設計を進める手法です。

◼ 3次元の仮想住宅で設計を進めるBIM

図面は住宅の設計内容を平面図や立面図など2次元で表現します。それに対してBIMは、コンピューター上に3次元の仮想の住宅をつくって表現する、つまり、コンピューター上で電子的な住宅模型をつくりながら設計を進めていく手法です。柱や梁、鉄骨、配管、空調ダクトといった壁や天井の裏に隠れた部材まで忠実に3次元でモデル化するところが、コンピューターグラフィックス（CG）との大きな違いです。

◼ 住宅データベースとなる「属性情報」を内蔵

BIMモデルの特徴は、壁やサッシ、ドアなど、住宅を構成する部材一つ一つに「属性情報」（プロパティー）を入力できることです。たとえば、住宅のBIMモデルの「床」や「壁」などの部分には、その部材の材質や型番、メーカー名など、必要に応じて属性情報も入れることができます。

コンピューターは建物の3次元形状と属性情報を手がかりにして、屋根面積の自動計算や、壁の断熱性能の計算、住宅の消費エネルギーの計算など、さまざまな解析やシミュレーションを行うことができます。

◼ 代表的な意匠設計用BIMソフト

BIMによる設計は、BIM用の3次元CADソフトで行います。住宅設計で使われている代表的なソフトとしてはオートデスクの「Revit」、グラフィソフトの「ArchiCAD」、エーアンドエーの「Vectorworks」などがあります。また、住宅専

用の3次元CADソフトである、福井コンピュータアーキテクトの「ARCHITREND Z」やシーピーユーの「MADRIC・AD-1」などは、BIMソフトと同様の機能を持っています。

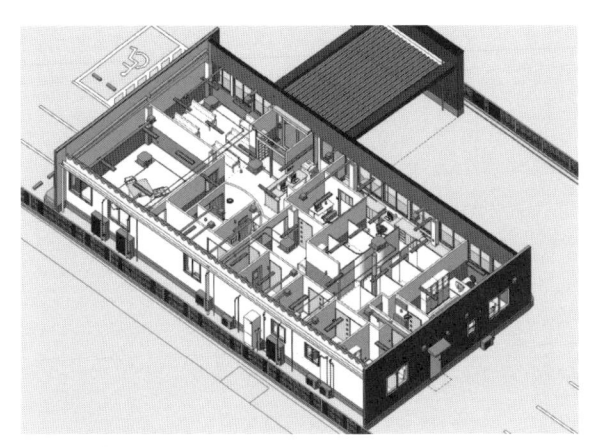

BIMモデルの例
BIMモデルの内部には隠れた柱や梁、配管なども忠実につくられている（資料提供：美保テクノス）

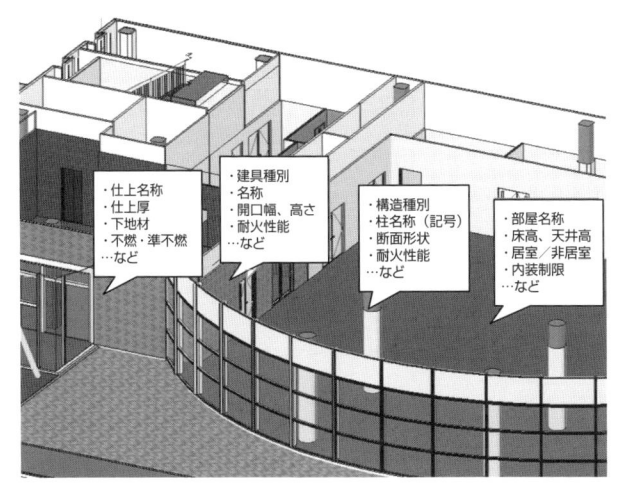

属性情報
BIMモデルの各部分には3次元形状とともに部材の種類や名称、材質などの「属性情報」がインプットされている（資料提供：福井コンピュータアーキテクト）

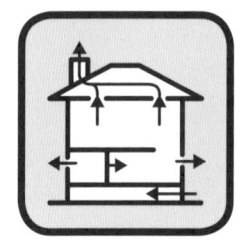

2-5
BIMとは(2)
着工前の住宅設計の最適化

BIMソフトがスマートハウスの設計に威力を発揮するのは、住宅の3次元形状と部材の仕様を表す属性情報を使って、さまざまな解析やシミュレーションを行えることです。住宅のパッシブな性能を高め、太陽光発電パネルの発電量を最大化するなど、住宅の設計を最適化することができます。

■ スマートハウスの性能の"見える化"

BIMモデルが持つ住宅の3次元形状と属性情報を使って、さまざまな解析やシミュレーションを行うことで、スマートハウスの性能を"見える化"できます。たとえば、壁や屋根などの属性情報に熱伝導率などをBIMモデルに入力しておくと、これらの情報に基づいて空調や照明などに必要なエネルギー消費量の計算も可能です。また、住宅の間取りや窓、ドア、階段などの位置と、風向きから、住宅の内部をどのように風が流れるかも、シミュレーションすることができます。

■ シミュレーションの繰り返しによる設計の最適化

スマートハウスの設計にBIMが適しているのは、住宅の設計を少しずつ変えては解析やシミュレーションを行うことを繰り返すことによって、スマートハウスの性能を最大限に発揮させられるように、設計を最適化できるからです。

たとえば、建物の向きや屋根の角度、窓の大きさ、壁の厚さなどを変えながらエネルギー消費量や太陽光発電量をシミュレーションし、比較することにより、スマートハウスとして最も性能が高い設計を追求することができます。

■ BIMソフトで行える解析例

多くの意匠設計用BIMソフトには、太陽の軌道データベースを内蔵しているので、窓を通して住宅のどの部分まで太陽光が差し込むかを、季節に応じてシミュレーションできる機能が付いています。この機能によって、夏と冬とで太陽光を遮ったり、導いたりといった設計の最適化が行えます。また、屋根に太陽光発

電パネルの発電量を最大化する設置位置を決めることができます。
　このほか、BIMモデルを読み込める専用ソフトを使うことで、建物内の通風シミュレーションや月ごとのエネルギー消費量や光熱費を計算することも可能です。

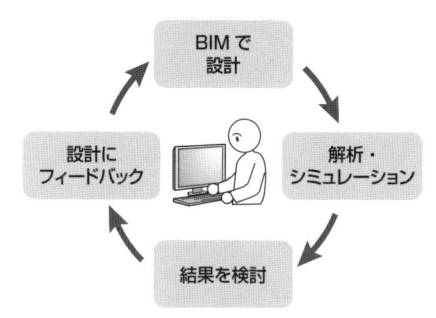

BIMによる設計の最適化イメージ
BIMで設計した住宅の性能を解析・シミュレーションで検討し、さらに設計にフィードバックを繰り返し、設計を最適化していく

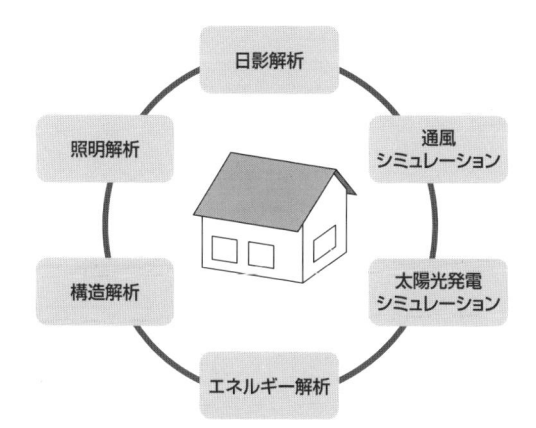

BIMで行える解析の例
住宅の3次元形状と属性情報をもとにして、さまざまな解析を行うことができる

2-6 BIMによるパッシブ設計
太陽光を自由自在にコントロール

太陽光を上手に利用して「冬暖かく、夏涼しい」住宅や、自然光を照明として最大限に生かした住宅を設計するためには、BIMモデルを使って「日影シミュレーション」を行います。意匠設計用BIMソフトの多くには、日影シミュレーション機能が付いています。

◻ 日影シミュレーションとは

住宅の外壁や屋根などが太陽光を遮ることによってできる影の形を計算する解析が「日影シミュレーション」です。意匠設計用のBIMソフトや住宅設計用の3次元CADソフトの多くには、太陽の軌道データベースを内蔵していて、住宅の形や向き、敷地の緯度・経度、そして年月日と時刻を入力すると、建物がつくる影の形を時刻ごとに表示した「日影図」をつくってくれます。

建物周辺の敷地や、周囲に建物がある場合は壁面や屋根などにどんな影ができるか、また、建物内部の部屋に窓を通してどれくらいの範囲で太陽光が差し込むかを正確に計算することができます。

◻ ひさしやルーバーの設計への利用

冬暖かく、夏涼しい住宅を設計するためには、冬場はなるべく太陽光を室内に導き入れ、夏場はひさしやルーバーによって室内に太陽光が差し込まないようにする必要があります。BIMソフトの日影シミュレーション機能を使うことによって最適なひさしやルーバーを設計できます。

たとえば、春分の日を境にしてそれ以前の冬場は太陽光が入り、夏場は窓から太陽光が入らないようなひさしの長さを決めたり、ルーバーの角度や幅を決めることができます。

◻ 太陽光発電や太陽熱温水器の有効利用

屋根や外壁などに太陽光発電パネルなどを設置する場合、できるだけ長い間太

>> 第2章 スマートハウス用の住宅

陽光が当たる位置に設置したほうが効率的に有利です。日影シミュレーション機能を使うことによって最も有利な設置位置を決めることができます。

■ 自然光を照明に利用する省エネ設計

日影解析では、室内のどの部分まで太陽光が入ってくるかはわかりますが、「照明解析ソフト」を使うと室内の明るさをさらに詳しく計算することができます。天窓や明かり取り窓から入った自然光の影の範囲だけでなく、天井や壁に反射した間接光によるフロアの各部分における「輝度」や「照度」を数値データで求められます。

こうして自然光を最大限に利用した省エネ設計が可能になるのです。

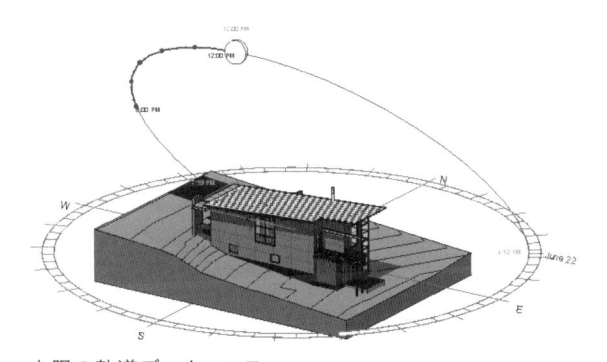

太陽の軌道データベース
BIMソフトが内蔵している太陽の軌道データベースのイメージ（資料提供：オートデスク）

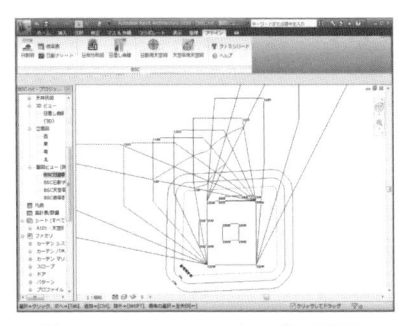

日影シミュレーションによる「日影図」
建物が周囲の土地につくり出す影の範囲を時刻ごとに求めた「日影図」（資料提供：GSA）

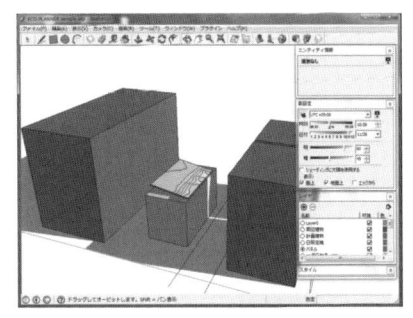

太陽光発電パネルの設置位置解析
太陽光発電パネルへの日射量や反射光を解析するソフト「Eco Planner Pro」（資料提供：生活産業研究所）

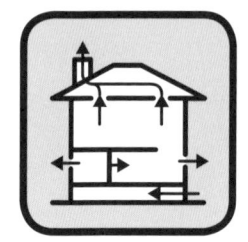

2-7
BIMによる自然換気の設計
自然換気で空調エネルギーの節約

目に見えない空気の流れや熱の移動・分布を計算し、"見える化"するのが熱流体解析（CFD）という手法です。住宅のBIMモデルデータをCFDソフトに読み込んで住宅内の風の流れを解析することで、部屋のすみずみまで風が吹き抜けやすい設計や、熱気をスムーズに屋外に排出できる設計が可能になります。

風の流れを"見える化"する熱流体解析とは

熱流体解析（CFD）とは、住宅の窓や換気口などの開口部や部屋の仕切り壁などからなる空間を3次元でモデル化し、窓から入った風が室内のどこを通って吹き抜けるのかを数値計算によって求め、その結果をわかりやすく"見える化"する手法です。

風通しのよい住宅の設計に威力を発揮

自然換気によって風が各部屋のすみずみまで吹き抜ける省エネ型の住宅を設計したいときに、このCFDソフトが活躍します。住宅のBIMモデル上で窓の位置や大きさ、高さなどを決めてCFDソフトで解析すると、風がどんな経路で吹き抜けるか、どの部屋に風が回りにくいか、どこで風が渦を巻いているかなどをアニメーションや色分け図でわかりやすく表示してくれます。

そこで風通しの悪い部屋の窓を大きくしたり、仕切り壁の位置を変えたりしながらCFDを繰り返して、最適な窓や壁の配置を求めます。

住宅内の上昇気流を生かす空調

暖められた空気は比重が軽くなるため、住宅内の階段や吹き抜けなどを通って、1階から2階へと流れようとします。この上昇気流を上手に使えば、夏は涼しく、冬は暖かい住宅を設計できます。

たとえば、夏は1階で外気を取り入れ、階段や吹き抜けを経由して上昇気流で2階に導き、屋外に排出させたり、冬は1階で暖められた空気を2階に循環させ

たりすることで、暖房エネルギーを効率的に使うための空気の流れの解析にも使えます。

住宅の通風解析
住宅内を吹き抜ける風の動きをCFDソフトで解析して見える化した例
(資料提供:アドバンスドナレッジ研究所)

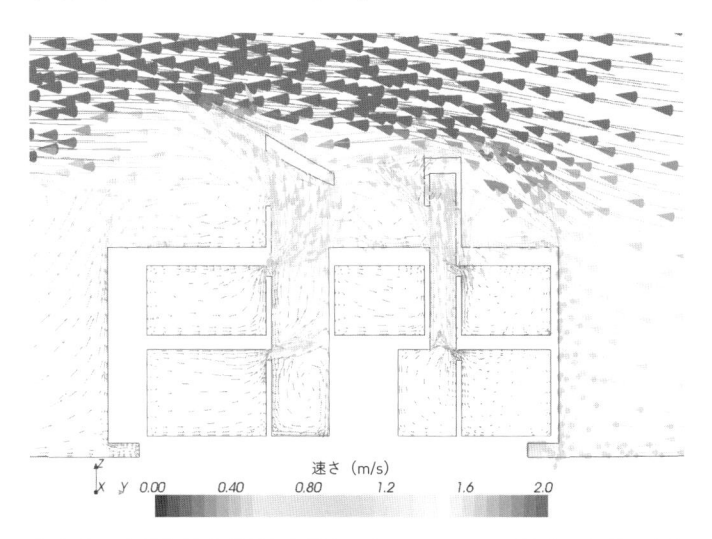

住宅内の上昇気流を利用した換気シミュレーション(東京大学 前研究室 高瀬幸造氏)

2-8
BIMによるエネルギー解析
消費エネルギーの建設前予測

住宅の光熱費はこれまで、住宅が完成して実際に使ってみるまでわかりませんでした。ところが「エネルギー解析」という手法を使うと、設計のごく初期段階で月ごとや年間の光熱費やCO_2排出量がざっくりとわかるのです。光熱費の減少をめざして、設計を最適化することも可能です。

◻ 消費エネルギーをざっくり計算

住宅が1年間に消費するエネルギーは、大体の数値は敷地の経度や気候、住宅の形や向き、開口部の大きさや位置、各部の断熱性能などによって決まってしまいます。

そこで住宅の用途や形、向きなどが大体決まった段階で、BIMモデルデータをもとに「エネルギー解析」を行うことで、おおよその消費エネルギーや光熱費を計算することができます。

◻ 月ごとの電気代やガス料金も見える化

住宅が消費するエネルギーは、季節や地域によって異なります。また光熱費も地域の電力会社やガス会社の料金によって異なります。エネルギー解析ソフトは、内蔵している太陽光や外気温、壁や屋根の材質による熱伝導率などのデータベースと、設計中の住宅のBIMモデルをつき合わせることによって、月ごとに消費する電力やガス・石油の量や、その地域の電気料金やガス料金などに基づいた年間の光熱費、さらには電力の発電種別に基づいたCO_2排出量などを、ざっと計算し、"見える化"します。

◻ 完成後の光熱費をにらみながらの設計の最適化

これまでは住宅が完成するまでわからなかった光熱費やCO_2排出量をごく初期の設計段階で検討できるため、複数の設計案をエネルギー消費量の観点から比較しながら、よりエネルギー消費量の少ない設計をめざして進めることができ

>> 第2章 スマートハウス用の住宅

ます。

　また、住宅設計専用の3次元CADソフトでは、太陽光の発電量や買電量の収支計算機能を備えたものもあります。

　こうした複雑なエネルギー解析値を、BIMモデルによってごく初期の設計段階でスピーディーに算出できることは、ライフサイクルコストと省エネルギー性能の高い住宅を設計するモチベーションを高めるに違いありません。

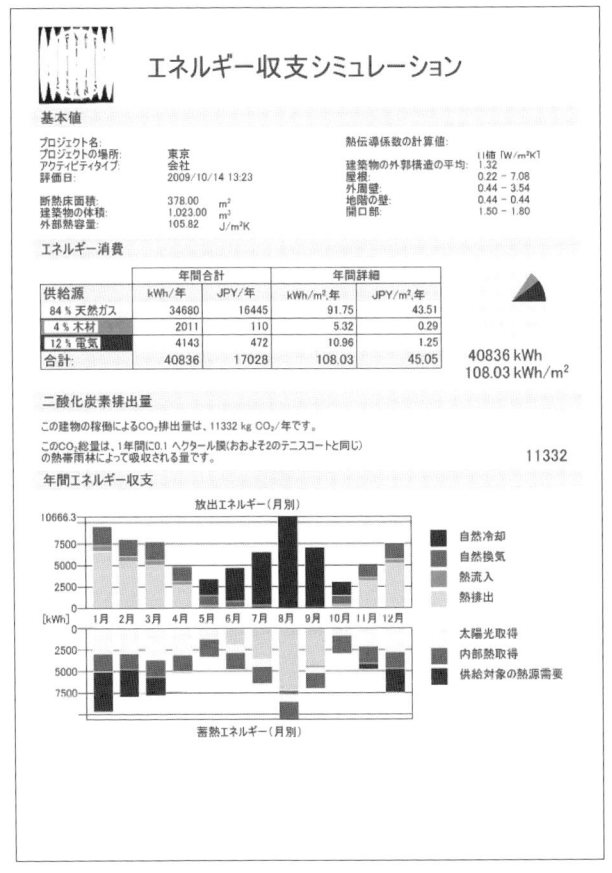

BIMソフトによるエネルギー解析レポートの例
グラフィソフトの「EcoDesigner」によるエネルギー解析レポート。BIMソフト「ArchiCAD」と連動し、年間の光熱費が計算できる（資料提供：グラフィソフトジャパン）

[column 02]

太陽光を最大に利用できるデザイン

　スペイン・バルセロナに建てられた「エンデサ・パビリオン（ENDESA PAVILION）」という実験用の建物は、太陽光発電で、建物が消費する電力の1.5倍もの電力をつくり出す能力があります。

　太陽光をできるだけ太陽光発電パネルに垂直に当てるために考え出されたのが、太陽光発電パネルを載せた「ソーラーブリック」と呼ばれる三角形のひさしです。3次元設計ソフトを使って、太陽光発電を最大化するために、ひさしの角度や長さ、位置を太陽の軌道に基づく日照シミュレーションで決めています。

　ソーラーブリックの間に設けた窓からは、日光のほか、外気を取り入れて建物内部を自然通風で冷却できるようになっています。さらにソーラーブリックの内部には収納スペースを設け、断熱材も入っています。

エンデサ・パビリオンの外観（設計：IAAC, Photo：Adriá Goula）

太陽光発電を最大限に生かせるようにソーラーブリックの角度や長さは最適に設計してある（設計：IAAC, Photo：Adriá Goula）

第 3 章

HEMS

　HEMS（住宅用エネルギー管理システム）とは、スマートハウスの頭脳となるシステムです。創エネ、蓄エネ、省エネの各機器の消費電力や運転状況を「見える化」することで、住人にエネルギーの無駄に気づかせ、省エネや節電を促進するのが基本的な機能です。
　HEMSには住宅の中にある機器や家電、センサー、防犯設備などを自動制御する機能を持ったものもあります。時間帯によって電源を使い分けることでエネルギー利用の最適化や光熱費の削減を行います。
　さらにHEMSとインターネットを連携することで、外出先からスマートフォンで運転状況を見たり、クラウドサービスを利用したりすることもできます。

3-1 》

HEMSとは
スマートハウスの"頭脳"や"神経"

　HEMS（注1）は「ヘムス」と読み、「住宅用エネルギー管理システム」を意味します。スマートハウスの"頭脳"や"神経"として、住宅内のエネルギーの流れを把握して、見える化し、最適に制御する機能を持ちます。節電やCO_2削減、電力のピークシフトを自動的に行いながら、快適な居住環境を実現します。

■ 住宅内のエネルギーの見える化による最適制御

　HEMSはスマートハウス内でエネルギーを効率的に使うために、創エネ、蓄エネと商用電源を使い分けながら、エアコンやスマート家電などを制御するシステムです。

　エネルギーの流れや使用量などは、HEMSのモニター画面で人間にもわかりやすいようにリアルタイムに「見える化」します。また、エネルギーを最も効率的に使えるように、太陽光発電パネルで発電した電気を使う、蓄電池にためる、または電力会社に売るといった制御を行うほか、電力のピーク時間帯には商用電力をなるべく使わないようにしてピークシフトを行います。

■ 中核機器、エネルギー計測ユニット、モニターで構成

　HEMSは、"頭脳"にあたる「中核機器」、"神経"にあたる「エネルギー計測ユニット」と「ホームエリアネットワーク（HAN）」、そして人間とのコミュニケーションを行う「コントローラー」などの機器で構成されます。

　中核機器は、住宅内の太陽光発電システムや住宅用蓄電池、分電盤のほかエアコンやスマート家電、各種センサーなどと家庭内ネットワークでつながり、データを収集し、制御します。コントローラーにはモニター画面が付いており、エネルギーの流れや使用量を表示したり、各機器のスイッチのオン／オフなどを制御したりします。

🔲 セキュリティーシステムやスマートフォンとの連携

　HEMSは機種によって、防犯カメラやドアの施錠装置などのセキュリティーシステムとの連動や、ルーターを介して外出先からスマートフォンなどからの制御が可能です。また、クラウドコンピューティング技術を使ってHEMSを住宅外のサーバーで制御できるものもあります。

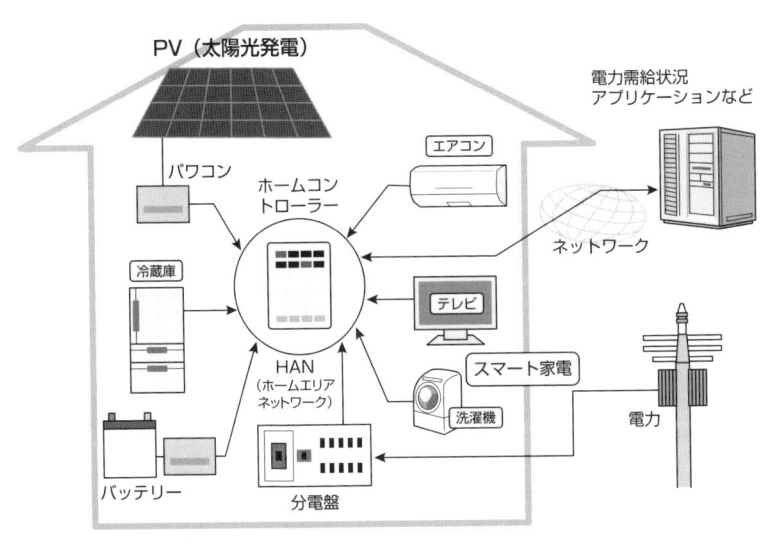

HEMSのイメージ

HEMSを構成する機器の例
パナソニックの「スマートHEMS」の機器例。左から中核機器、エネルギー計測ユニット、HEMSモニター（資料提供：パナソニック）

（注1）HEMS：Home Energy Management System

3-2 >> HEMSの機能(1)
エネルギーの「見える化」

　HEMSの重要な機能は、電力やガスなどのエネルギーの動きや消費量を人にわかりやすく「見える化」することです。スマートハウスの中で今、エネルギーを生み出している機器や消費している機器、それぞれの電力消費量や電気代、CO_2排出量の時間変化がわかるので、無駄なエネルギーの低減に役立ちます。

■ エネルギー消費量の見える化

　HEMSのコントローラーには、太陽光発電パネルや蓄電池、商用電源における電力がさまざまな家電などへどのように流れ、各機器で今、どのくらいの電力が消費されているかが表示されます。

　たとえば、昼間、太陽光発電の発電量が多くなると、商用電源の使用量が少なくなることや、蓄電池の充電残量や運転中のエアコンや家電などのリアルタイムの消費電力などがわかります。コントローラーのほか、Webブラウザ上にこれらの情報を表示する製品もあります。

■ 電力消費量や電気代、CO_2排出量変化の見える化

　HEMSは過去のエネルギーの記録を集計し、グラフなどでわかりやすく表示する機能も備えています。たとえば、日ごと、月ごとの電力消費量や電気代、CO_2排出量の変化をグラフで表すこともできます。

■ 見える化によって高まる省エネ意欲

　HEMSでは、リアルタイムに機器ごとの電力などの消費量が細かく把握できます。その結果、誰もいない部屋で照明やエアコンがついているなど、エネルギーの無駄遣いに気がつきやすくなり、無駄な機器のスイッチを切ったり、冷房の設定温度を上げたりの行動を喚起します。

　こうした行動によって消費電力が少なくなった結果がすぐにモニターに表示されるので省エネ効果が実感できます。エネルギーの見える化は、人間の省エネや

>> 第3章 HEMS

節電に対する意識を高め、行動を起こさせる効果があるのです。

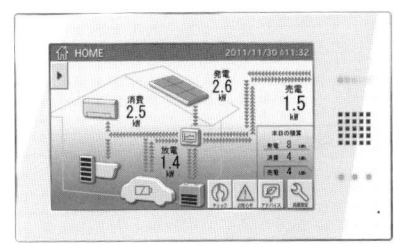

電気の流れがわかる HEMS 画面
住宅内の電気の流れをリアルタイムに表示
（資料提供：デンソー）

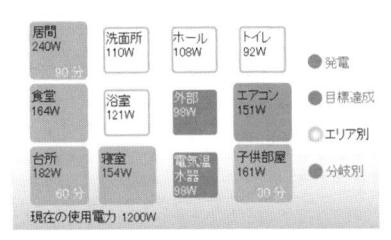

各機器の電力消費量がわかる HEMS 画面
スイッチのオン／オフと電力消費量の内訳をリアルタイムに表示
（資料提供：因幡電機産業）

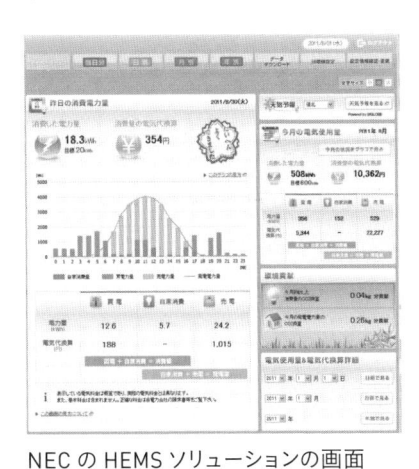

NEC の HEMS ソリューションの画面
消費した電力量や電気代、CO_2 排出量、買電・自家消費・売電などが一目でわかる
（資料提供：日本電気）

69

3-3 >>
HEMSの機能(2)
エネルギーの流れを制御

HEMSの二つ目の機能は、住宅内の太陽光発電パネルや蓄電池と、商用電源とを時間や状況によって使い分け、各機器を制御することです。エネルギーを最も効率的に使うことで、エネルギーの消費量、CO_2排出量や光熱費の削減が可能です。制御対象となる機器は、ほぼ無限です。

■ 創エネ、蓄エネ、商用電源の最適な使い分け

HEMSが行う制御の中で、最も重要なのが時間や状況による電源の使い分けです。よく晴れた日には太陽光発電をできるだけ優先して使い、余った電力を電力会社に売電する、電力需要のピーク時には商用電源の代わりに蓄電池の電気を使って「ピークシフト」を行う、夜間は商用電源で蓄電池に充電し翌日に備える、というように、最適な電源を使い分けます。

■ エアコンなどのオン／オフ、温度設定などの変更

HEMSは住宅内のエアコンや照明、スマート家電を制御します。各機器のスイッチのオン／オフや、設定温度の調整、電力需給が切迫してきた時に機器の重要度に応じてスイッチを切る、夜間にエコキュートを運転してお湯をためておくことが可能になります。

また、災害時に停電になった時には、太陽光発電や蓄電池の電力だけで電力の自給自足を行うモードに切り替わり、最低限の機器だけを動かします。

これらの制御は、専用のコントローラーのほか、iPadなどのタブレット端末やスマートフォン、Webブラウザなどによって行われます。

■ 電動カーテンから体脂肪計までさまざまな機器の制御

HEMSを使えば、エアコンやスマート家電以外に、防犯カメラやドアの電気錠など、さまざまな機器をコントロールすることが可能です。日新システムズはHEMSの標準規格「ECHONET Lite」に準拠した機器の制御基板を効率的に開

発できる「EW-ENET Lite」というミドルウェアを発売しました。

タバコ煙センサーや人体位置センサーなどのセンサー類から電動カーテン、冷凍冷蔵庫、そして体脂肪計に至るまで、幅広い機器がこのミドルウェアの対象であり、将来、HEMSによってさまざまな機器が制御される可能性を示しています。

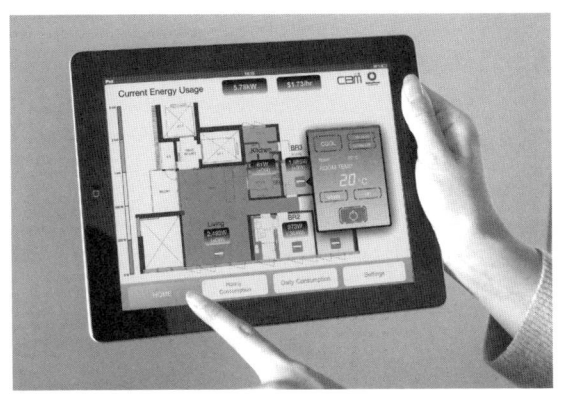

iPadで操作するD-HEMSの画面
シンガポールの高級マンションに採用されたD-HEMSの画面。各部屋の電力消費量などがわかりやすく表示され、制御も可能（資料提供：大和ハウス工業）

【センサー関連】	ガス漏れセンサー／防犯センサー／非常ボタン／地震センサー／人体検知センサー／照度センサー／温度センサー／雨センサー／火災センサーなど
【空調関連】	家庭用エアコン／冷風機／扇風機／換気扇／空調換気扇／空気清浄器／冷風扇／サーキュレーター／除湿機／加湿器／天井扇／電気こたつ／電気あんか／電気毛布／ストーブなど
【住宅設備関連】	電動ブラインド／電動シャッター／電動カーテン／電動雨戸／電動ガレージ／電動天窓／オーニング（日よけ）／散水器（庭用・火災用）／噴水／瞬間湯沸かし器／電気温水器など
【調理・家事関連】	クッキングヒーター／オーブン／炊飯器／電子ジャー／食器洗い機／食器乾燥器／電気もちつき機／保湿機／精米機／自動製パン機／スロークッカー／電気漬物機／洗濯機など
【健康関連】	体重計／体温計／血圧計／血糖値計／体脂肪計
【管理・操作関連】	セキュア通信用共有鍵設定ノード／スイッチ（JEMA/HA対応）／携帯端末／コントローラー
【AV関連】	ディスプレー／テレビ

EW-ENET Lite対応機器オブジェクト一覧
（2012年3月現在。資料提供：日新システムズ）

3-4 HEMSの機能(3) 住宅外のコミュニティーとの連携

HEMSで収集した電力の発電量や消費量などのデータは、スマートハウスの外部に発信して、ほかのスマートハウスとの比較を行ったり、エネルギー活用のアドバイスを受けたりすることもできます。将来は、次世代送電網「スマートグリッド」と連携して「デマンドレスポンス」への対応も可能になります。

■ ほかのスマートハウスとの電力消費量の比較

HEMSのデータは、インターネットを介して外部に発信することで、ハウスメーカーなどが運営するデータセンターと連携したり、外出先からスマートフォンやパソコンを使って運転状況を見たりすることができます。

積水化学工業の「スマートハイム・ナビ」には、多数のスマートハウスのHEMSデータを、インターネット上のクラウドサーバーで収集して自動管理するしくみが用意されています。そして同じ条件の入居者と消費電力を比べた結果や、先月のデータや季節に応じて上手な省エネ方法についてのアドバイスなどをまとめたコンサルティングレポートを入居者に提供しています。また、電気料金体系などの最新データもサーバーから各戸のHEMSに送られてくるので、エネルギー関係の情報窓口としても機能します。

■ 電力のデマンドレスポンスへの対応

HEMSは将来、電力網が供給できる電力量に応じて、需要量を調整する「デマンドレスポンス」を行うことで停電を防ぐ役目も担います。

電力需給が切迫してきた時、地域のエネルギー管理を行うサーバーから各戸のHEMSに電力消費を抑える指示が届きます。それに応じて、HEMSは重要度の低い機器の電源を切ったり、蓄電池の電気を優先的に使ったりといった制御を自動的に行い、電力消費を減らします。

地域全体での電力のデマンドレスポンスを自動的に行うのが次世代送電網「スマートグリッド」です。

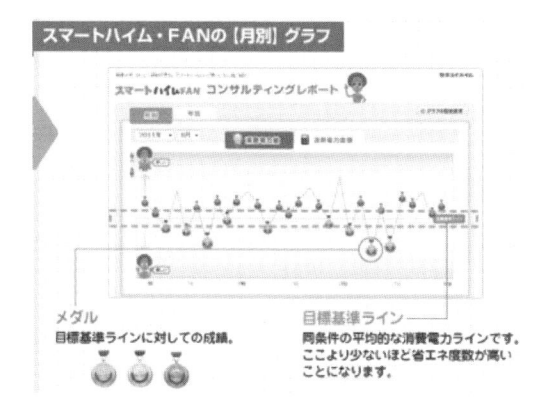

>> 第3章 HEMS

スマートハイム・FANの【月別】グラフ

メダル
目標基準ラインに対しての成績。

目標基準ライン
同条件の平均的な消費電力ラインです。ここより少ないほど省エネ度数が高いことになります。

クラウドサーバーによるアドバイス
積水化学工業の「スマートハイム・ナビ」で提供しているコンサルティングレポート。クラウドサーバーが多数の HEMS データを収集して分析し、同じ条件の入居者のデータを比較して結果やアドバイスをフィードバックする（資料提供：積水化学工業）

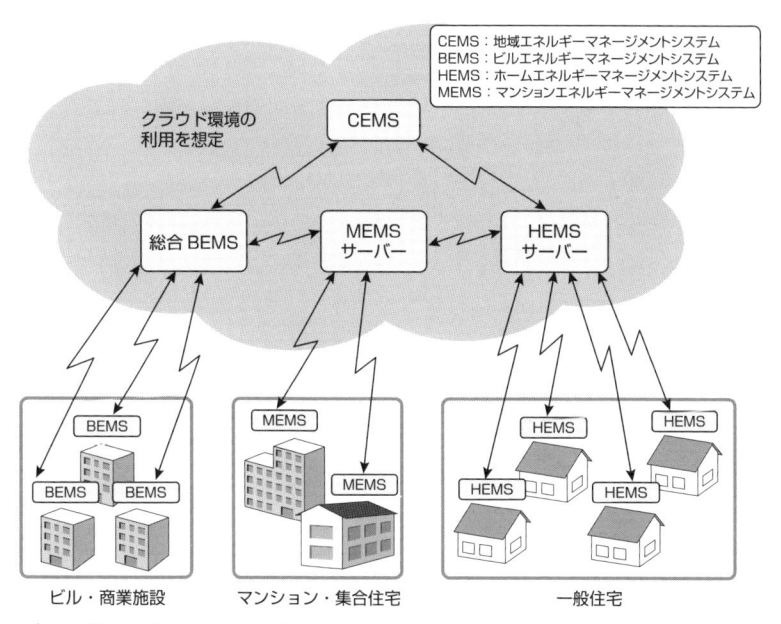

CEMS：地域エネルギーマネージメントシステム
BEMS：ビルエネルギーマネージメントシステム
HEMS：ホームエネルギーマネージメントシステム
MEMS：マンションエネルギーマネージメントシステム

クラウド環境の利用を想定

CEMS
総合BEMS　MEMSサーバー　HEMSサーバー

ビル・商業施設　マンション・集合住宅　一般住宅

デマンドレスポンスへの対応
「横浜スマートシティプロジェクト」で行われているデマンドレスポンスの概念図

3-5
HEMSの製品例
クラウド・SNSとの連携やDIYタイプ

　HEMS関連製品は、電力のほか、ガスや水道の使用量を見える化できるもの、ネットと連携して遠隔地に住む家族の安否がわかる見守りサービスやクラウドやSNS（ソーシャル・ネットワーキング・サービス）と連携するもの、自分で取り付けられるDIYタイプのものまでさまざまです。

■ IHクッキングヒーターまで制御

　HEMSの基本的な機能は、スマートハウスの電力使用量や太陽光発電の発電量を見える化することですが、ガスや水道の使用量までわかる製品もあります。また住宅内の機器の制御機能を持つタイプ、エコキュートやエネファーム、エコウィルなどの機器を自動制御するタイプ、エアコンやIHクッキングヒーター、防犯システムなどの機器や設備を制御するタイプもあります。

■ クラウドやSNSとの連携

　インターネットを介してクラウドサービスに連携するHEMSも多くなってきました。各機器の消費電力などのデータをデータセンターに送って蓄積・処理してパソコンやスマートフォンでどこからでも確認できます。遠隔地に住む家族の電力使用量をモニターして、使用状況に異常が見られた時にメールなどで知らせてくれる「見守りサービス」や、SNS上で似た構成の家庭と電力使用量を比較できる機能も提供されています。

■ 自分で取り付けられるDIYタイプ

　分電盤の電線にクランプ式の電力センサーを取り付けたり、既存のコンセントの上に電力センサー付きのコンセントを重ねて取り付けたりすることで、自分自身でHEMSを導入できる製品もあります。電力使用量のデータはインターネット回線でサーバーに送られ、ユーザーがWebブラウザやスマートフォン上で確認できます。

>> 第3章 HEMS

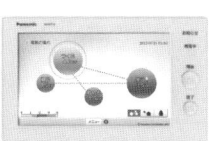

名称	画像
AiSEG （パナソニック） パナソニックのHEMSの中核機器。電力の見える化のほか、エアコンやエコキュートの自動運転、IHクッキングヒーターの火力調整などを行える。	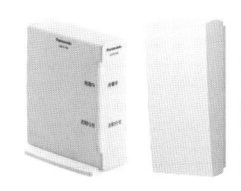
フェミニティ （東芝ライテック） 家電機器の電力使用量の見える化や遠隔制御などの機能に加え、太陽光発電と燃料電池によるダブル発電の電力量を見える化するとともに、ガス・水の使用量の見える化も可能。	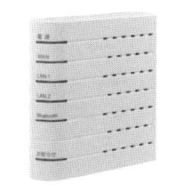
クラウド対応型HEMS （NEC） クラウドと連携しHEMSデータベースに蓄積される計測データによる情報サービスや、蓄電池との連携など、住宅の付加価値を高めたスマートハウス向けソリューションを実現。	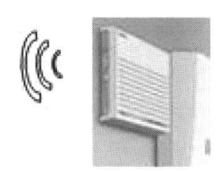
フレッツ・ミルエネ （NTT東日本） 分電盤に取り付けた計測器、電力センサー付き電源タップの情報をフレッツ光の回線で集約するHEMS。計測器や電源タップの設置はユーザー自身で行える。	
電力見える化システム （シャープ） タップ、中継器、専用タブレット端末だけで電力の使用状況を把握できる。家全体の消費電力の把握には分電盤にCTセンサーユニットを取り付ける。設置はユーザー自身で行える。	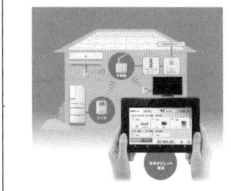
D-HEMS （大和ハウス工業） エネルギーの見える化やリチウムイオン蓄電池の自動運転を行える。モニターにはタブレット端末「iPad」を使用。今後、家電・設備の機器制御機能なども発展させる予定。	

75

enecoco (ミサワホーム) SNS と連携。電気(部屋別・設備別・家族別)、水道、ガスの使用データをもとに、「見る」「知る」「シェアする」をサポートする。	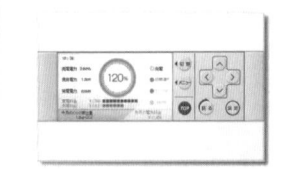
グリーンファーストハイブリッド用 HEMS (積水ハウス) 太陽光発電、燃料電池、蓄電池、購入電力の 4 種類の電力を、コストパフォーマンスを考えて最適に制御。日常時と災害時の切り替えも HEMS で自動に切り替わる。	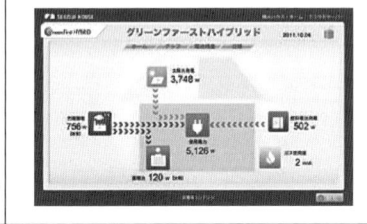
H2V-α (トヨタメディアサービス) データセンターと連携し、住宅全体と分電盤の分岐単位の消費電力をパソコンやスマートフォンで見られる。EV や PHEV の充電管理や電力による見守りサービス「e-Care」の機能もある。	
みるる (LIXIL) 分電盤に多回路センサーユニットを取り付け、消費電力データを無線 LAN で中継器を経て専用タブレット端末で見られる。ガス・水道メーター用パルス送信機やタップも連携する。	
カスタム HeMS (日新システムズ) 分電盤の系統ごとに使用電力を測定する「分電盤パッケージ」と、分電盤に接続する CT センサーと、機器単位で使用電力を測定できるスマートコンセント「CT + SPO パッケージ」を用意している。	

エムグラファー （因幡電機産業） 電力計測機能付きの「AKB分電盤」、発電量と電気・ガス・水道の使用量を表示する「AEMモニター」を使用。水量センサーやガスメーター用パルスカウンターユニットも用意。	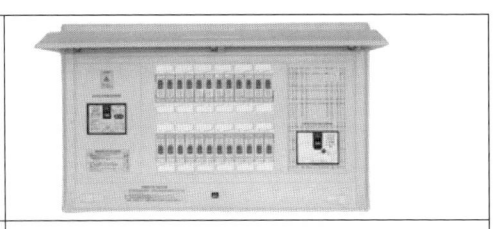
スマートエコワット （エネゲート） 特定小電力無線搭載の「無線式電力量計測器」と、使用電力量を収集する「無線式電力量収集装置」による低価格な電力管理システム。電力量計測器付きコンセントなども用意している。	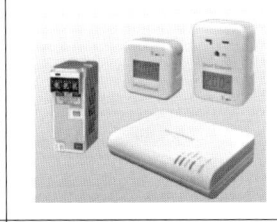
エネレポ （TOKAIコミュニケーションズ） クランプ式の電力測定器を分電盤に、「エコアダプタ」をブロードバンド回線に接続し、Webサイトで住宅全体の使用電力量を確認できる。スマートタップで個別家電の電力も計測。	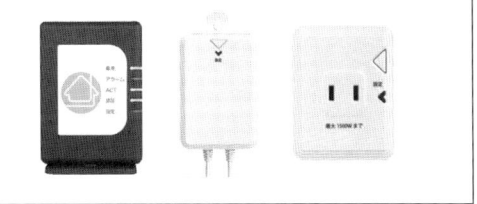

HEMSの製品例
（平成25年2月21日現在の補助金対象機器から抜粋）

3-6
余剰電力の買取制度とは
余った電力は電力会社へ売却

スマートハウスの大きなメリットは、太陽光発電などで余った電力を電力会社に売却して収入にできる制度があることです。節電に励めば、1年間の光熱費が支出でなく収入になることもあり、太陽光発電などの導入促進につながっています。ただし余剰電力の買取価格は毎年、見直されているので、注意が必要です。

◻ 再生可能エネルギーの買取制度

「電気事業者による再生可能エネルギー電気の調達に関する特別措置法」に基づき、2012年7月にスタートした「再生可能エネルギーの固定価格買取制度」によって、太陽光発電で余った電力（余剰電力）は、電力会社に売却できます。

◻ 買取手続きと買取価格

余剰電力の買取価格や買取期間は発電方法や年度によって異なりますが、2013年度の場合、太陽光発電の買取価格は1 kWh当たり38円（10 kW未満）、買取期間は10 kW以上のシステムは20年間、10 kW未満は10年間となっています。また、燃料電池（エネファーム）と太陽光発電を組み合わせた「ダブル発電」の場合は、10 kW未満のものだけが買取対象となり買取価格は1 kWh当たり31円、買取期間は10年となっています。

◻ HEMSでの分電盤の制御による、売電・買電の切替え

太陽光による発電量がスマートハウスで使う消費量より多い時は、余った電力を電力会社に売ります。逆に発電量のほうが少ない時は、不足分の電力を電力会社から買います。分電盤と電力会社の電線の間には、通常の「買電用積算電力量計」に加えて「売電用積算電力量計」が設置されます。

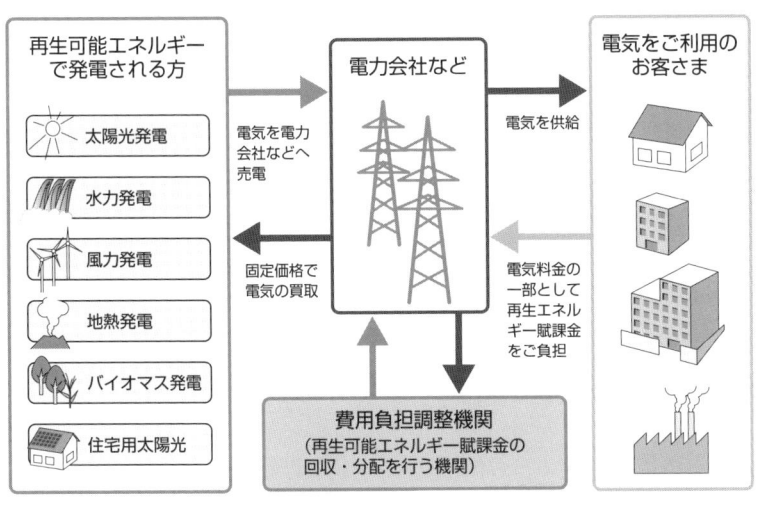

再生可能エネルギーの固定価格買取制度の概要

	10 kW 以上（太陽光のみ）	10 kW 未満（太陽光のみ）	10 kW 未満（ダブル発電）
買取価格	37.8 円（36 円＋税）	38 円（税込）	31 円（税込）
買取期間	20 年間	10 年間	10 年間

太陽光発電による余剰電力の1 kWh 当たり買取価格と買取期間（平成25年度）
（資料提供：経済産業省資源エネルギー庁）

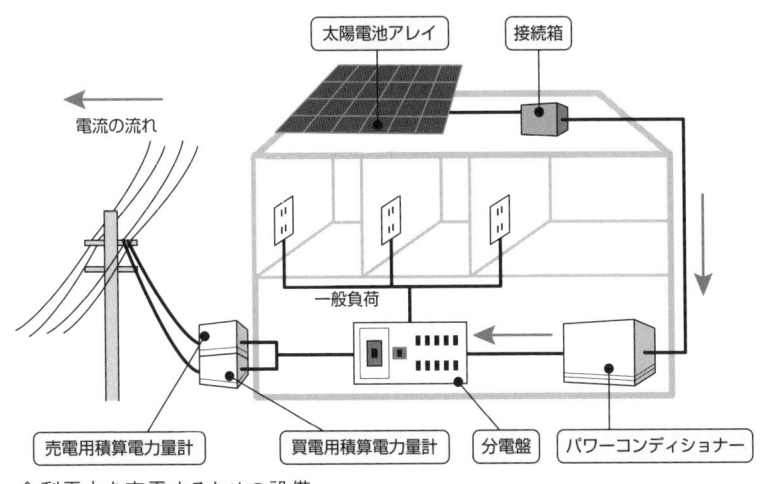

余剰電力を売電するための設備
HEMS によって分電盤を制御し、売電と買電を切り替える。

3-7

系統連系
電圧、周波数、位相を合わせる

　太陽光発電システムや住宅用蓄電池などの電気を、商用電源と接続することを「系統連系」といいます。商用電源は交流100Vのため、系統連系する時には電圧だけでなく、周波数や位相も商用電源と合わせる必要があります。この制御はパワーコンディショナーで行います。

▢ 電圧、周波数、位相を合わせる

　系統連系とは、太陽光発電システムや燃料電池などで発電した電気や、住宅用蓄電池にためた電気を商用電源に接続して使うことをいいます。

　太陽光発電システムや蓄電池の電気は直流で、電圧もさまざまです。そこでパワーコンディショナーを通すことにより、直流を商用電源と同じ交流に変換し、電圧、周波数、位相を合わせてから商用電源と系統連系します。

▢ 系統連系の技術基準

　スマートハウスで系統連系を行うための技術基準としては「電力品質確保に係る系統連系技術要件ガイドライン」(資源エネルギー庁) があります。ガイドラインでは力率、電圧、周波数などの電力品質などについて記載されています。

▢ 余剰電力を売電できる原理

　商用電源と系統連系した時、太陽光発電による余剰電力を住宅の分電盤から電力会社の送電線に送って「売電」する時の電力の流れを「逆潮流」といいます。

　では、なぜ逆潮流が起こるかというと、住宅側と送電線側との間に電圧の差があるからです。パワーコンディショナーの出力電圧は107V程度と、送電線よりも高めに設定してあります。余剰電力がある時は、住宅側の電圧が送電線側の電圧 (約100V) より少し高くなるため、逆潮流が起こって売電できるのです。

　逆に住宅で太陽光発電の電力よりも多くの電気を使っている時は、パワーコンディショナーから供給される電気だけでは足りなくなり、住宅側の電圧が下がろ

うとします。その結果、送電線の電力が住宅側に流れて「買電」となります。

商用電源の電圧波形

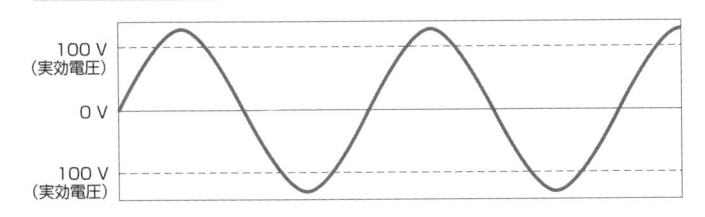

100 V
（実効電圧）
0 V
100 V
（実効電圧）

パワーコンディショナーの電圧波形

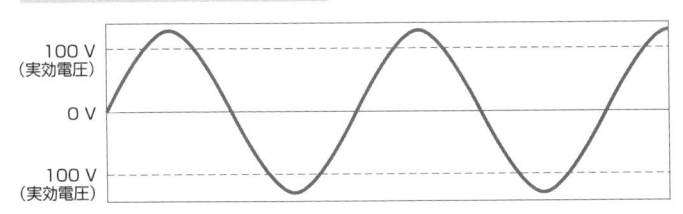

100 V
（実効電圧）
0 V
100 V
（実効電圧）

系統連系のイメージ
商用電源とパワーコンディショナーの電圧、周波数、位相を合わせることで両者を接続し系統連系が行える

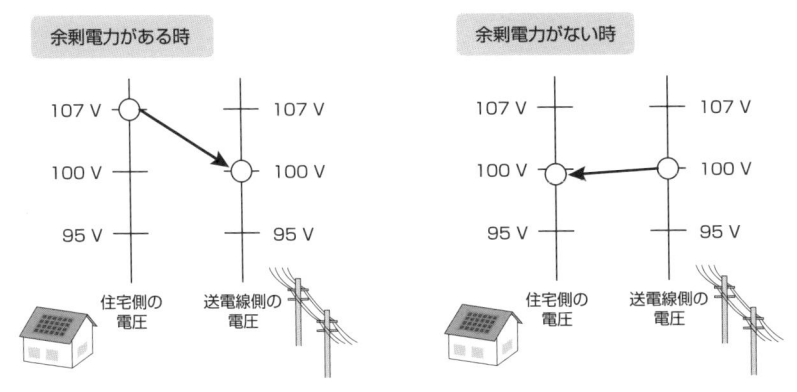

余剰電力がある時

107 V　　107 V
100 V　　100 V
95 V　　　95 V
住宅側の電圧　送電線側の電圧

余剰電力がない時

107 V　　107 V
100 V　　100 V
95 V　　　95 V
住宅側の電圧　送電線側の電圧

売電・買電のしくみ
余剰電力がある時はパワーコンディショナーの電圧のほうが高いので逆潮流が起こり売電できる（左）。余剰電力がない時は、パワーコンディショナーの電気を住宅で使い切り、送電線より電圧が下がろうとするので送電線からの電気が住宅側に流れ買電となる

3-8
電力ピークカット
ピークを避けた商用電力の使用

　夏の冷房や、冬の暖房などによって商用電力の消費量にはピーク（最高値）となる時間帯があります。このピーク電力を下げることを「ピークカット」といいます。スマートハウスは、電力消費がピークとなる時間帯に太陽光発電や蓄電池の電気を優先的に使うことでピークカットに貢献します。

■ ピークカットとは

　電力会社などの発電所から供給される電力が、供給エリア内で消費される電力量は、季節や時間帯によって変わります。たとえば、夏は冷房をフル稼働する午後に電力消費がピークとなり、冬は暖房を使う朝と夕方にピークとなります。このピーク電力を下げることを「ピークカット」といいます。

■ ピークカットはなぜ必要か

　ピークカットの目的は、停電防止です。ピーク電力が発電所の発電能力を超えるとブレーカーが作動して停電してしまいます。また、発電所や変電所、送電線などの施設は、ピーク電力に合わせてつくる必要があります。ピーク電力が低くなれば、施設も小さくてすみ設備費などを抑えられます。発電量の昼夜の差が小さければ、発電所の出力調整も減り、効率的な運転ができるメリットもあります。

■ スマートハウスのピークカット効果

　スマートハウスは創エネ、蓄エネの機能を使うことで「電力ピークカット効果」を発揮します。夏の昼間には太陽光発電パネルで発電した電気や蓄電池の電気を優先的に使うことで、電力会社からの買電量を大幅に減らせます。また冬の朝は夜間の商用電力で、夕方は太陽光発電で蓄電池に充電した電気を使うことで電力ピークを下げることも可能になります。

　高効率給湯器「エコキュート」は、夜間の電力を「お湯」として蓄えておき、昼間に使うことでピークカットに一役買っています。

>> 第3章 HEMS

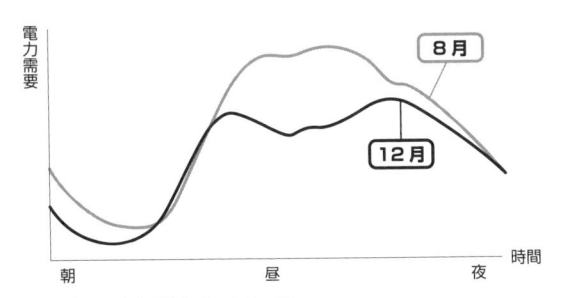

夏と冬の電力消費量イメージ
夏は冷房の使用が多くなる昼過ぎに、冬は暖房をよく使う朝と夕方に電力需要がピークとなる。

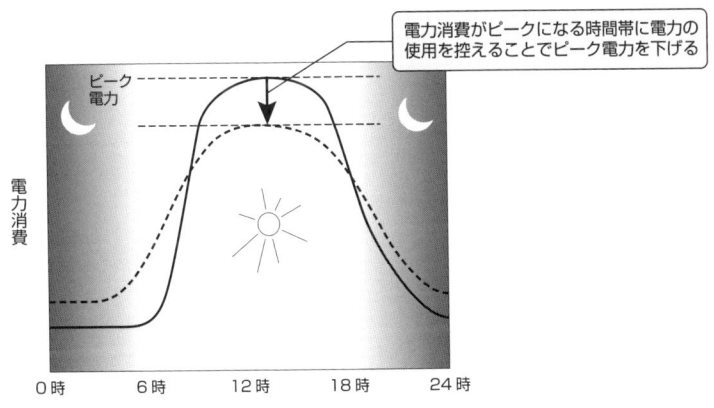

ピークカットの概念図

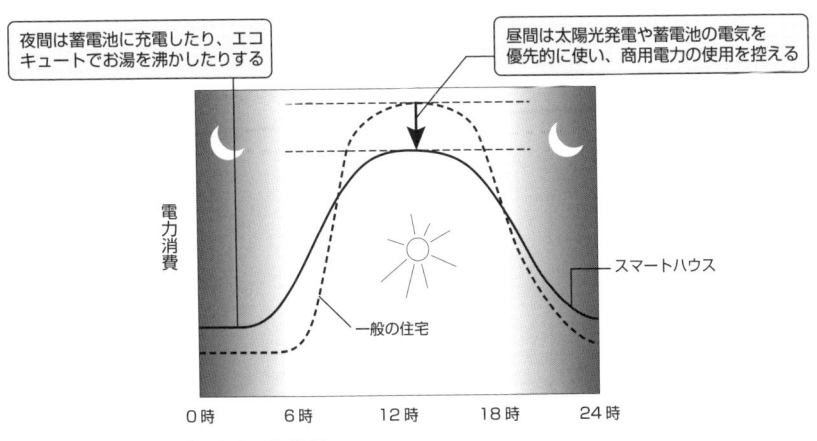

スマートハウスのピークカット効果

3-9 モニターとコントローラー
「見える化」と「制御」を担う窓口

HEMSの中核機器は、住宅内電力の売買電や流れを一括管理しますが、その状態を人が確認し、制御するためのヒューマン・インターフェースとなる装置がモニターやコントローラーです。HEMS専用のものから、家庭内LANと連携してパソコンやタブレット端末をコントローラーとして使うものまでさまざまな種類があります。

◻ エネルギーの見える化を担うモニター

HEMSのモニターの役割は電力エネルギーの流れやガス、水道の使用量、光熱費を「見える化」することです。現在の状況をリアルタイムで見える化することで、電力を無駄に使っている部屋や機器はないかを発見できます。その結果、スイッチを切ったり、コンセントから電源ケーブルを抜いたりといった行動へつなげます。さらに日ごと、週ごと、月ごとにエネルギーの使用量や光熱費を見える化することにより、継続的な省エネや節電への行動を促します。

◻ スイッチや設定温度を制御するコントローラー

コントローラーの役割は、エネルギー使用機器のスイッチオン/オフや空調温度の調整などの「制御」です。各部屋に行ってスイッチやリモコンを操作する代わりにコントローラーで集中制御することができます。モニターとコントローラーが一体化した製品もあります。

◻ 家庭内LANやインターネットとの連携

HEMS中核機器をブロードバンドルーターに接続し、家庭内LANを通じてパソコンやタブレット端末で電力状況を確認できるシステムもあります。専用コントローラーの代わりにパソコンやiPadなどが使えるので、機器の費用が安くなり、住宅内のどこからでもHEMSの運転状況の確認や制御が行えます。

また、インターネットを介して外出先からパソコンや携帯電話によってHEMSの運転状況の確認や制御が行えるタイプもあります。照明や空調の電源を切り忘

れた時や帰宅前に空調を作動させたい時などに便利です。

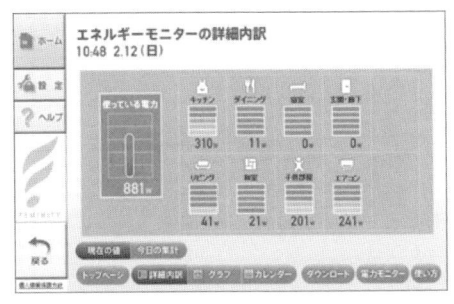

住宅内での電力使用状況をリアルタイムに表示し、無駄を発見できる

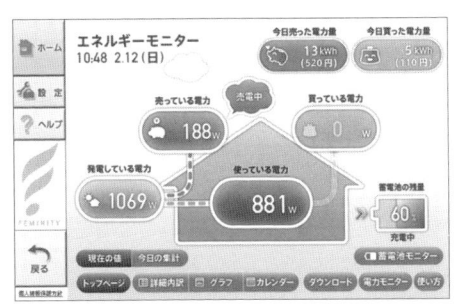

売買電した電力を見える化し、継続的な省エネや節電行動を促す

HEMS モニターの画面例
(資料提供:東芝ライテック)

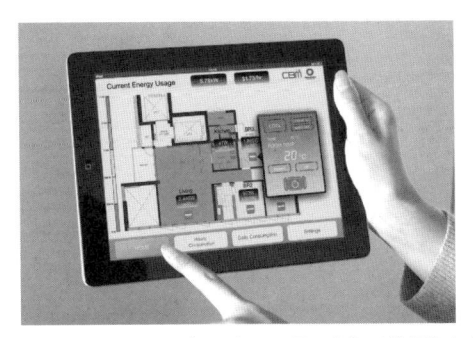

iPad をモニター/コントローラーとして使用した例
iPad をモニターやコントローラーとして使用する D-HEMS
(資料提供:大和ハウス工業)

3-10
電力センサー
各機器の消費電力の把握

住宅内の分電盤や照明・空調機器、太陽光発電パネル、蓄電池などの消費電力や発電した電力を計測する機器が電力センサーです。HEMSで電力の流れや量を把握して表示したり、各機器を制御したりするうえでの基礎となるデータを収集する役目を担っています。

■ 機能としくみ

電力センサーとは、分電盤とコンセント、照明・空調機器などをつなぐ電線に流れる電流から消費電力や発電量を計測する装置です。電線を流れる電流によって電線の周囲に磁界が発生します。計測は、電線により発生する磁気を電気信号に変えて読み取ることで行われます。

磁気を電気信号に変えるためには、電線の周囲に「コア」というリング状の部品を取り付けるため、電線に通してから配線する必要があります。また、半割式やクランプ式の電力センサーもあり、電線の外側から取り付けられます。

■ 電力センサーの取付け位置

電力センサーは、電気の流れや量を知りたいところに取り付けます。たとえば、分電盤と商用電力をつなぐ電線や、分電盤と各コンセントをつなぐ電線に取り付けます。

また、HEMS対応の照明・空調機器などには、機器内部に電力センサーを内蔵しているタイプもあります。こうした機器は、機器個別の消費電力を細かく計測することができます。

■ HEMSでデータ処理

消費電力を測定したい機器やコンセントなどに設置した電力センサーのデータは、電力測定装置を経由してHEMS中核機器に送られて処理されます。そしてモニター上で見える化したり、機器の自動制御を行ったりします。

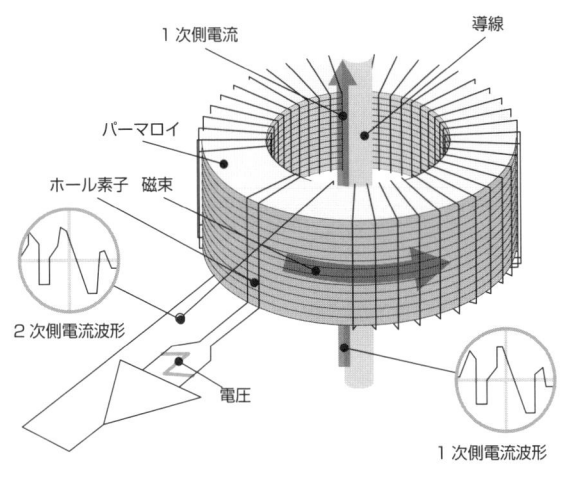

クランプ式電力センサーの例
分割型交流電流センサー
「C-CTシリーズ」
（資料提供：日本電産コパル電子）

磁気平衡式電流センサー
1次側電流で発生した磁束をホール素子が検出し、コアに巻いたコイルによりゼロ磁束にする。この電流を1次側と同等の2次側波形として出力することで1次側電流がわかる。

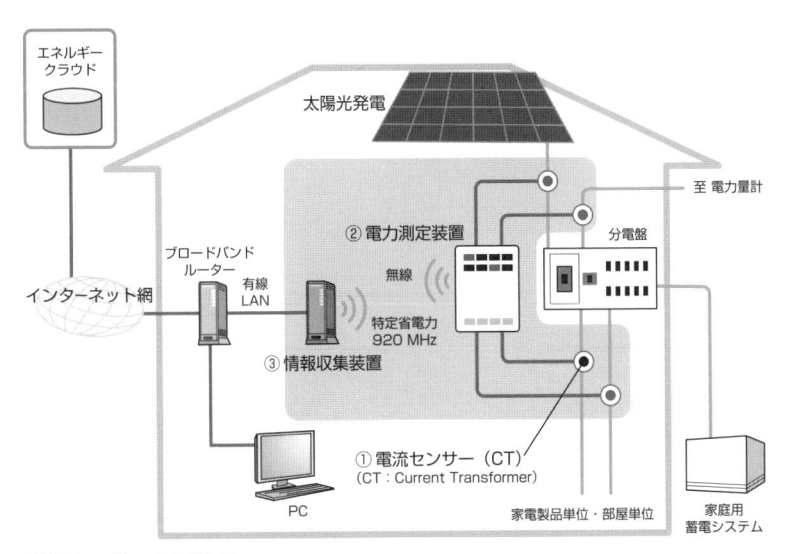

電流センサーの配置例
複数の電流センサーと電力測定装置を配線でつなぎ、計測したデータを無線でHEMS中核機器に送信する（資料提供：日本電気）

3-11
ガスメーターと水道メーター
パルス発信式メーターをHEMSと接続

HEMSでガスや水道の使用量を計測する場合、「パルス発信式」のメーターが必須となります。水道使用量の計測には、水道局が取り付けたメーターよりも住宅側に、HEMS用の（別の）パルス発信式水道メーターを取り付ける。ガス使用量は、ガス会社が取り付けているものがパルス発信式の場合のみ、HEMSで計測可能です。

◻ HEMS用の水道メーターはパルス発信式

HEMSで使われる「パルス発信式」水道メーターは、流量をデジタル情報としてHEMS中核機器に伝えます。パルス発信式の水道メーターは、一定流量ごとにパルス信号を出し、この回数を計測することで、流量を算出します。

住宅への水道引き込み管には、水道局の水道料金徴収用メーターが取り付けられていますが、これとは別にHEMS用の水道メーターを住宅側に取り付けます。キッチン、浴室、洗面所などの水道使用量を細かく測定したい時には、羽根車の回転数をパルス信号として出力する流量センサーを使います。

◻ HEMS用ガスメーターはガス会社に依頼

HEMSでのガス使用量の計測には、ガスの流量をデジタル情報としてHEMS中核機器に伝える「パルス発信式」のガスメーターが使われますが、このメーターはガス会社に依頼して取り付けてもらわなくてはなりません。

ガスメーターがパルス発信式でない場合は、パルス発信機能を持った装置をガスメーターに後付けして使うこともできますが、ガス会社の承認が必要です。

◻ 水道メーター、ガスメーターとHEMSの接続

パルス発信式の水道メーターやガスメーターからのパルス信号は、配線を通じてエネルギー計測ユニットに伝達され、そこから有線や無線でHEMS中核機器に送られます。エネルギー計測ユニットは、電力センサーのデータを処理するもので兼用することもあります。

>> 第 3 章 HEMS

パルス発信式水道メーターの例
（資料提供：東洋計器）

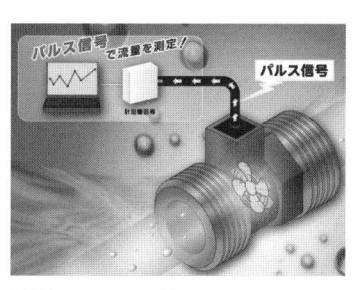

流量センサーの例
キッチンや浴室などの水道使用量を細かく計測できる「アクアセンサー」
（資料提供：因幡電機産業）

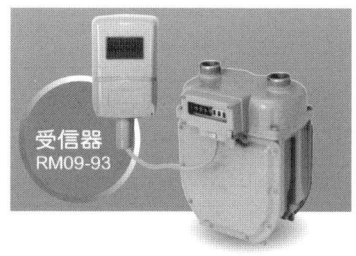

パルス発信式ガスメーターの例
パルス発信式ガスメーター RN シリーズ
（資料提供：愛知時計電機）

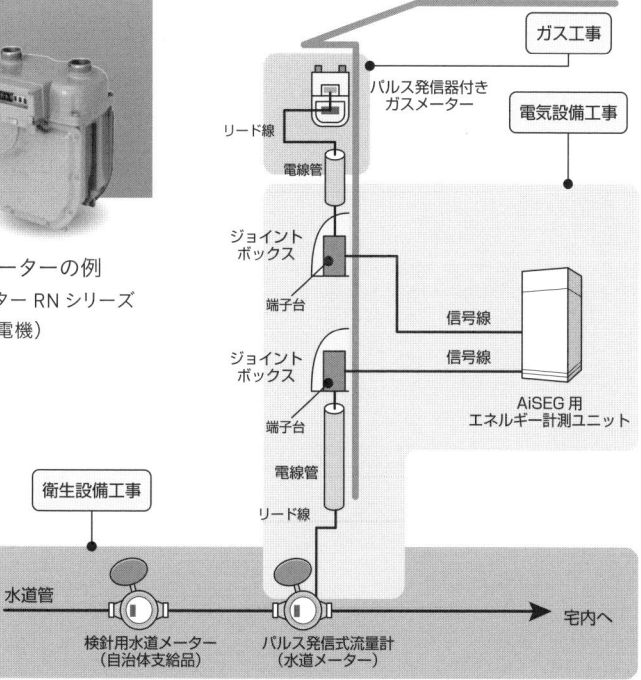

HEMS と水道・ガスメーターの接続例
（資料提供：パナソニック）

3-12
HEMSで使われる通信手段
無線・有線LANから電力線通信まで

HEMSの中核機器とエネルギー計測ユニットや照明・空調機器などのデータ通信には、有線／無線LANやBluetooth、電力線通信（PLC）などさまざまな手段が使われます。配線のしやすさや電波の届く範囲などの条件によって、適材適所のものが選ばれるのです。

■ スマートハウスに使われる通信手段

スマートハウスを構成する機器間のデータ通信手順を定めた通信プロトコル「ECHONET Lite」では、データ通信機能のOSI参照モデルのうち、通信経路となる「物理層」や、基本的な通信方式である「データリンク層」「ネットワーク層」を柔軟に定めています。

そのため、物理層として電灯線やイーサネットケーブル、ツイストペア線などの有線から、特定小電力無線、赤外線などの無線まで、幅広い媒体が利用可能です。また、「データリンク層」、「ネットワーク層」としては、有線／無線LAN、Bluetooth、電力線通信などが使えます。

■ 有線LAN／無線LAN

インターネットと同じ通信手順でデータを送受信するしくみです。既に設置済みの家庭内LANやパソコン、携帯電話などをモニターとして使うことで、設備費が抑えられ、LANが使えるところならどこからでも確認、制御できるなどのメリットがあります。

■ Bluetooth

2.4 GHz帯の電波を使い、半径10〜100 m程度の無線通信を行う規格であり、赤外線通信と比較して指向性が少ないのが特徴です。HEMS中核機器と各機器の接続用には、Bluetoothを使ったシステムも市販されています。

◻ 特定小電力無線

免許を受けずに誰でも使える小電力の無線装置として開発された機器で、総務省の技術基準に適合することが認証された機器です。HEMS中核機器とエネルギー計測ユニット間の通信などに使われています。

層	機能
第7層	アプリケーション層 具体的な通信サービスを規定する（HTTP、SMTP、FTPなど）
第6層	プレゼンテーション層 データの表現方法を規定する（SMTP、FTP、Telnetなど）
第5層	セッション層 通信の開始から終了、回復などの手順を規定する（NetBIOS、NWLinkなど）
第4層	トランスポート層 ネットワークのエラー訂正、再送などの通信管理を規定する（TCP、UDPなど）
第3層	ネットワーク層 通信経路の選択やデータ中継を規定する（IP、NetBEUIなど）
第2層	データリンク層 隣接する通信機器間での信号の受け渡しを規定する（イーサネット、トークンリング、PPPなど）
第1層	物理層 有線／無線の別やコネクターの種類などを規定する（電話線、ハブ、無線、LANケーブル、光ケーブルなど）

OSI参照モデル

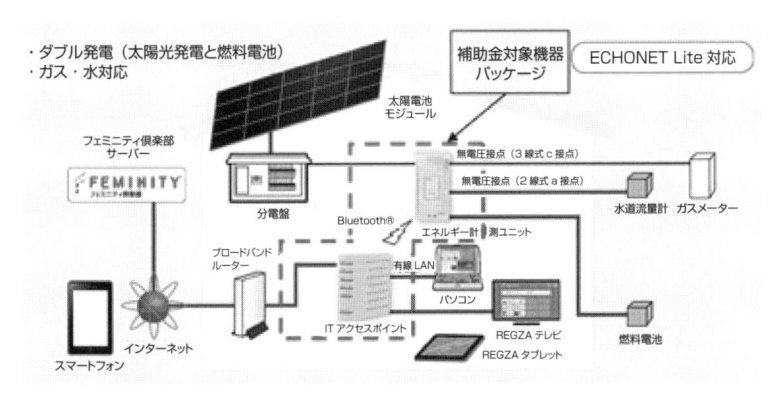

Bluetoothを使ったHEMSの例
HEMSの中核機器（ITアクセスポイント）とエネルギー計測ユニット間にBluetoothを使ったシステムの例（資料提供：東芝ライテック）

3-13
ECHONET Lite
HEMSの通信用標準規格

ECHONET Lite（エコーネットライト）とは、HEMS関連の機器間でデータをやりとりするための通信手順を定めた「標準プロトコル」です。この規格に準じて機器を設計することで、異なるメーカーの機器をスマートハウス内で混在して使用できるメリットがあります。

◻ 異なるメーカーの製品をつなぐECHONET Lite

ECHONET Liteは、スマートハウス用の通信プロトコルです。当初、スマートハウスのHEMSや照明・空調機器などは、同じメーカーの製品で統一しないと機器間の接続ができませんでしたが、ECHONET Liteの規格に従って機器を開発することで、異なるメーカーの機器を一つのHEMS中核機器で制御できるようになっています。

◻ 日本発のECHONET Lite

ECHONET Liteは、日本のメーカーが組織する「エコーネットコンソーシアム」が開発しました。以前からあった「ECHONET」という規格をもとに、さまざまな通信手段が使えるようにしたり、利用頻度が低い機能を削除したりして、スマートハウスに使いやすい規格にしたものです。

◻ HEMSや蓄電池などの補助金の条件

HEMS中核機器やエネルギー計測ユニット、蓄電池などには補助金がありますが、その適用を受けるには、ECHONET Liteへの対応が必要となります。

◻ 制御できる機器は無限に

ECHONET Liteに対応した製品としてはHEMS中核機器やエネルギー計測ユニットのほか、エアコンやエコキュート、IH調理家電、住宅用蓄電池などがあります。しかし、ECHONET Liteが対応を想定している機器は無限といっても

いいほど多く、将来的には、センサーや住宅設備、調理・家事、健康関連、AV機器、スイッチなど、幅広いECHONET Lite対応製品が登場し、HEMSで一元管理できるようになる可能性もあります。

◼ ECHONET Lite 対応機器を開発するツール

機器をECHONET Liteに対応させるためには、ECHONET Lite対応の通信機能を搭載する必要があります。その開発を容易にするため、ACCESSの「NetFront HEMSConnect SDK」や、日新システムズの「EW-ENET Lite」といった「ソフト開発キット（SDK）」も提供・発売されています。

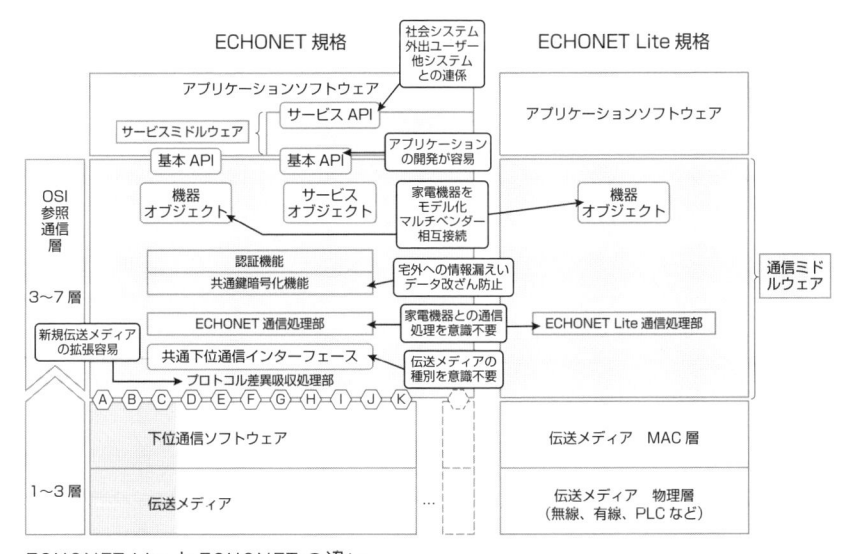

ECHONET Lite と ECHONET の違い
ECHONET は OSI 参照モデルの 7 層すべてが規定され、通信アドレスに独自の「エコーネットアドレス」を使う仕様になっていたため普及しなかった。一方、ECHONET Lite は OSI の 5 ～ 7 層だけを規定し、下層の 1 ～ 4 層は規定していない。そのため、通信手段として有線／無線 LAN や同軸ケーブル、光ケーブルなどが自由に使えるようになり、使い勝手が向上した
（資料提供：エコーネットコンソーシアム）

3-14 » HEMSに対する優遇策
機器購入費用と工事費を定額補助

　HEMSの中核機器や計測装置、機器設置の工事費に対して、2014年1月までに申請すると、定額補助が受けられます。申請の予算額に達した場合は期間内であっても補助が終了するので早めに申請したほうがよいでしょう。補助金額は10万円ですが、2013年4月をめどに見直される予定です。

◻ HEMS 中核機器と計測機器が補助対象

　補助対象となるのは、HEMS中核機器と計測機器、その工事費です。補助対象となる機器の条件は、① 空調、照明などの電力使用量などのデータが「見える化」できること、② ECHONET Liteによる制御機能を持っていること、③ ECHONET Lite規格を標準インターフェースとして搭載していることです。

　補助対象となる機器は、一般社団法人 環境共創イニシアチブ（SII）のホームページ（http://sii.or.jp/hems/）に一覧表が公開されています。

◻ 補助金額は 10 万円まで

　補助金を受けるには、HEMSの設置工事を終了し、一般社団法人 環境共創イニシアチブに申請書を提出する必要があります。補助金額は定額10万円ですが、HEMS機器導入費用が定額を下回った場合は領収書の1,000円単位以下を切り捨てた金額となります。定額10万円は2013年4月をめどに、市場実勢価格をふまえた引き下げが予定されています。

◻ 申請は 2014 年 1 月 31 日まで

　補助金の申請は2014年1月31日までに行う必要がありますが、補助金が予定額に達するとそれ以前に終了します。現在行われている補助金は、2011年度「エネルギー管理システム導入促進事業費補助金」（HEMS）によるもので、ビル用のエネルギー管理システム（BEMS）と合わせて300億円が補助金の財源になっています。

応募期間	2012年4月19日〜2014年1月31日まで ※申請の合計額が予算額に達した場合、補助事業期間内であっても終了。
補助金額	HEMS機器導入費用（設置に伴う工事費用を含む）　定額（10万円） ※定額を下回る領収書の金額に対しては、その領収金額の1,000円単位以下を切り捨てた金額を補助。 ※定額（10万円）については、2013年4月をめどに市場実勢価格をふまえ、原則、補助金額（定額）の引き下げを行う。
補助対象機器	SIIが定める対象基準を満たしていることがあらかじめ認められ、補助対象として指定されたHEMS機器 ※補助対象機器の一覧については、SIIのホームページを参照。
補助金交付の対象者（申請者）	日本国内において民生用住宅に居住し、SIIが指定するHEMS機器を当該住宅に設置する個人。 SIIが指定するHEMS機器を民生用住宅の所有者に貸与する法人（リース事業者、新電力〈PPS事業者〉など）。
申請条件	SIIが指定する補助対象機器を民生用住宅に設置すること。 計測した結果をモニタリングし、日常生活における電力需要の抑制に取り組むこと。 計測・蓄積した電力使用量に関する実績データなどをSIIが定める様式で報告するとともに、「HEMS機器利用に関するアンケート」に協力できること。
代理申請	申請者は、交付申請について、第三者に依頼することができる。

補助金制度の概要
※一般社団法人 環境共創イニシアチブ（SII）の資料を抜粋。

個人申請　補助対象機器を購入・設置した個人が申請する。

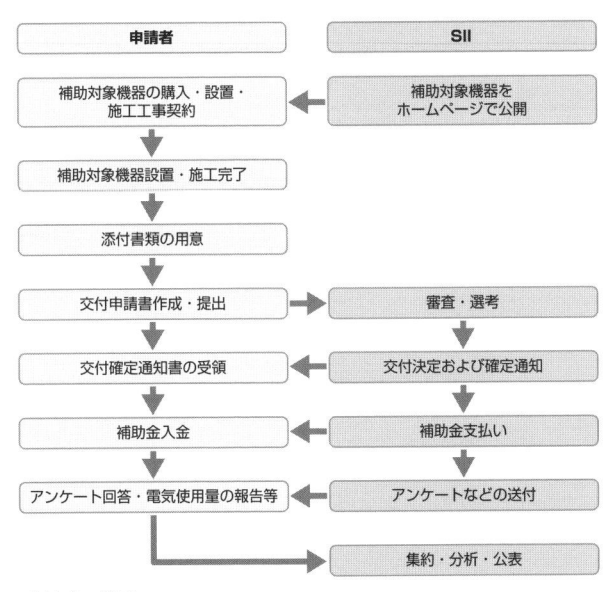

申請者 → 補助対象機器の購入・設置・施工工事契約 → 補助対象機器設置・施工完了 → 添付書類の用意 → 交付申請書作成・提出 → 交付確定通知書の受領 → 補助金入金 → アンケート回答・電気使用量の報告等

SII → 補助対象機器をホームページで公開 → 審査・選考 → 交付決定および確定通知 → 補助金支払い → アンケートなどの送付 → 集約・分析・公表

手続きの流れ
（資料提供：一般社団法人 環境共創イニシアチブ）

[column 03]

HEMS以外のいろいろな「EMS」

　スマートハウスのエネルギーの見える化や制御するコントロールタワーが「HEMS（ヘムス。Home Energy Management Systemの略）」ですが、ほかにもいろいろな「EMS」があります。
　オフィスビルや商業施設などの大型の建物には「BEMS（ベムス。Building Energy Management System）」、マンションには「MEMS（メムス。Mansion Energy Management System）」、工場には「FEMS（フェムス。Factory Energy Management System）」など、施設の規模や種類によってさまざまな「EMS」があります。
　さらに大きな地域単位になると「CEMS（セムス。Community Energy Management System）」というものもあります。これらは規模が違っても、エネルギーを見える化して無駄遣いをなくし、エネルギーを最適に使うという目的は同じです。

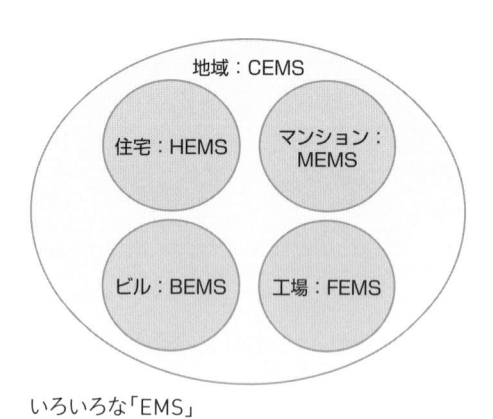

いろいろな「EMS」

第4章

太陽光発電システム

スマートハウスの「創エネ」装置として欠かせないのが太陽光発電システムです。太陽光のエネルギーを直接、電力に変えて無料の電源として使えるものです。

東日本大震災による計画停電や電力不足をきっかけに、太陽光発電は電力の自給自足を行える装置として注目が集まっています。さらに余った電力は割高な値段で電力会社に買い取ってもらえる制度があるので、年間を通じた光熱費は大幅に下がり、場合によっては利益が出ることも珍しくありません。

この章では太陽光発電パネルのしくみや、発電した電気を交流100Vに変えるパワーコンディショナーについて説明しましょう。

4-1
太陽光発電のしくみ
太陽光のエネルギーの電力変換

太陽光発電とは、太陽光のエネルギーを太陽光発電パネル（太陽電池）によって直接、電力に変換する発電方法のことです。太陽光発電パネルで発電した電気は直流で電圧も高いため、パワーコンディショナーという機器で商用電源と同じ交流100Vに変換されて使われます。

☐ 太陽光を直接、電力に変換

太陽光を直接、電力に変換する太陽光発電システムの設備は、太陽光発電パネル、取付け架台、パワーコンディショナーなどからなります。燃料費は不要で、維持管理の手間や費用もあまりかかりません。太陽光発電パネルと架台の荷重を支えられる屋根や壁面があれば、簡単に設置できるので、すべてのスマートハウスに採用されているといっても過言ではありません。

☐ 出力は 4 kW 前後が目安に

スマートハウスに用いられる太陽光発電パネルの出力は3〜5 kW程度が目安となります。太陽光発電パネル1 kW当たりの年間発電量は、1,000 kWhです。一方、一般家庭の消費電力量は年間で5,500 kWh程度といわれており、4 kWの太陽光発電パネルだと年間4,000 kWh発電できるので、その7割以上を太陽光発電でまかなえる計算となります。

太陽光発電システムで実際に発電できる出力は、太陽光発電パネルの「公称最大出力」×設置枚数×0.6〜0.8くらいです。

☐ 商用電源とつなぐ系統連系

太陽光発電でつくった電気を、分電盤に接続し、商用電源と連携させることを「系統連系」といいます。スマートハウス内で使用する電力が太陽光発電の発電量より少ない時は、余った余剰電力を電力会社の送電線に送り、「売電」することもできます。逆に太陽光発電の量だけでは消費電力をまかなえない時には、電

>> 第4章 太陽光発電システム

力会社から「買電」して、太陽光発電の電気と合わせて使います。

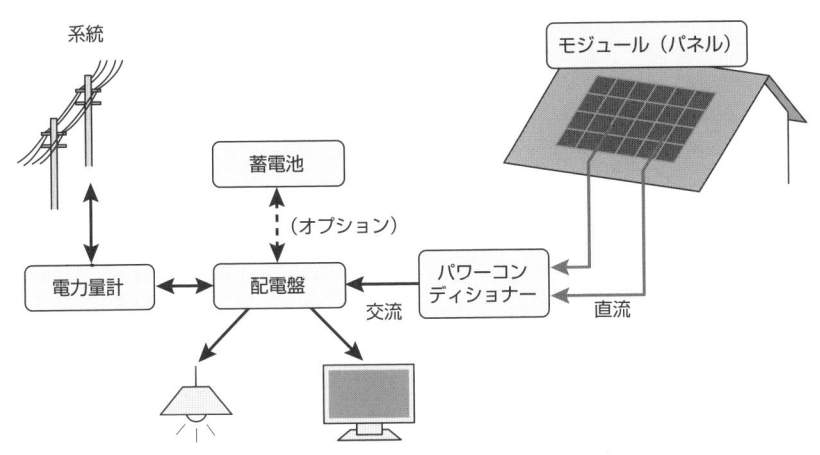

太陽光発電の概念図

太陽光発電パネルの例
(資料提供：京セラ)

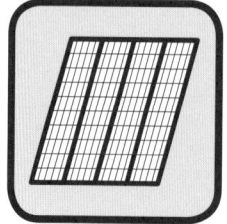

4-2 太陽光発電パネルのしくみ
半導体による太陽光の電力変換

太陽光発電パネルは、太陽光が当たると約0.45 Vの電圧を発生する「セル」と呼ばれる小さな太陽電池がいくつもつながってできています。セルは単結晶型や多結晶型のシリコン系材料や、銅・インジウム・セレンなどを原料とした化合物系材料でつくられています。

■ 太陽光発電パネルの構成

太陽光発電パネルは、太陽電池の基本単位となる「セル」、複数のセルを配置してまとめた「モジュール」、モジュールを直列や並列に配置した「アレイ」という単位で構成されます。

■ 太陽光発電パネルの原理

最も使われているのはシリコン系の太陽電池です。電気的に性質が異なる「p型半導体」と「n型半導体」を重ねた構造で、太陽光が当たると内部の電子が両者の境界を通過して半導体内を移動します。その結果、太陽電池の表裏に設けた電極の間に電圧が発生する、というしくみです。一つのセルが発生する電圧は約0.45 Vです。必要な電圧を得るために、複数のセルを直列にします。

■ 太陽光発電パネルの種類

シリコン系の太陽光発電パネルには、太陽エネルギーを電力に変える効率が高い「単結晶系」、効率は劣るが価格が安い「多結晶系」、低コストで効率の高い「薄膜系」があります。このほか、銅やインジウム、セレンなどを原料とした「化合物系」もあります。

■ 太陽光発電パネルの寿命

屋外設置用の太陽光発電パネルの寿命は、一般に20〜30年程度といわれており、20年間でも出力の低下は1割未満とされています。

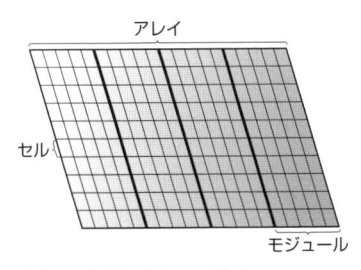

太陽光発電パネルの構成
セル、モジュール、アレイからなる。

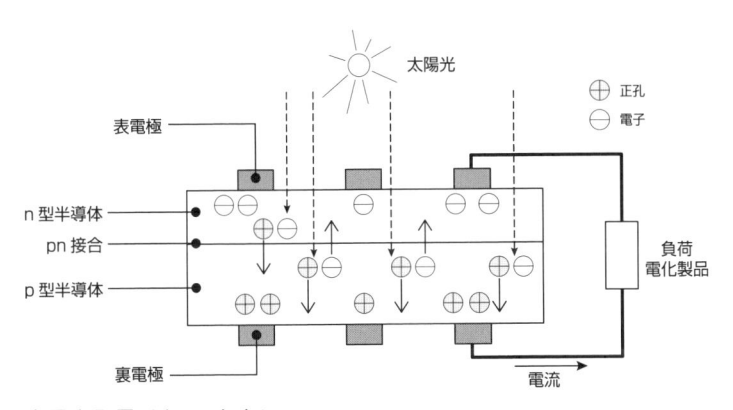

太陽光発電パネルのしくみ
n型、p型のシリコン半導体を重ね合わせた構造になっており、太陽光が当たると内部の電子、正孔が多方向に移動することにより表裏の電極に電圧が発生する。

	シリコン（結晶）系			化合物系
	結晶シリコン		薄膜シリコン	CIS（CIGS）
	単結晶	多結晶	多接合	
特長	シリコン単結晶のセルにより構成、最も歴史あり	シリコン多結晶のセルにより構成。単結晶より安価	アモルファスシリコンと微結晶シリコンを積層	銅・インジウム・セレンなどが原料の薄膜太陽電池
一般的なモジュール変換効率	～15%	～14%	～10%	～11%
発電特性	標準的な発電特性を示すが単結晶のほうが発電量が多い		紫外領域が強く高温、強日射向き	発電領域が広く発電量が多い
温度特性	温度上昇に伴い出力性能が下がる。低温特性に優れる		夏場の高温特性がよい	結晶と薄膜の中間的特性

太陽電池の種類と比較

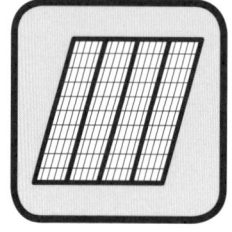

4-3 パワーコンディショナー
直流と交流をつなぐ変換器

パワーコンディショナーとは、直流の電源を商用電源と接続し、系統連系させるための装置です。太陽光発電や蓄電池、家庭用燃料電池などの電気は直流で電圧も条件によってさまざまです。この電気を商用電源と同じ交流に変換し、電圧も商用電源に合わせて 100 V にする機能があります。

◻ 直流を商用電源と同じ電圧、周波数に変換

太陽光発電パネルで発電された電気は直流で、そのままでは住宅内に供給できません。そこでパワーコンディショナーを使って直流を商用電源と同じ交流に変換し、電圧も 100 V に合わせます。交流の周波数は東日本では 50 Hz（ヘルツ）、西日本では 60 Hz ですから、それに合わせて周波数や波形の位相なども調整します。

パワーコンディショナーで交流に変換された電気は、分電盤に送り、ここから住宅内に供給されたり、電力会社に売電するため送電線に送られます。

◻ 昇圧部とインバーター部で構成

パワーコンディショナーの内部は、電圧を調整する「チョッパー部」と直流を所定の周波数を持った交流に変換する「インバーター部」からなります。

◻ 出力と変換効率

パワーコンディショナーには機種によって出力が決まっており、それ以上の出力の太陽光発電パネルを接続してもパワーコンディショナーの出力以上の電力は取り出せません。直流の電力を交流に変換する時の効率を変換効率といいます。たとえば、4.5 kW の太陽光発電パネルを変換効率 95% のパワーコンディショナーに接続すると、4.5 kW × 0.95 = 4.275 kW の電力しか取り出せません。

>> 第4章 太陽光発電システム

🔲 住宅用蓄電池や燃料電池と接続

　パワーコンディショナーには太陽光発電パネルだけでなく、住宅用蓄電池を接続できる機種もあります。

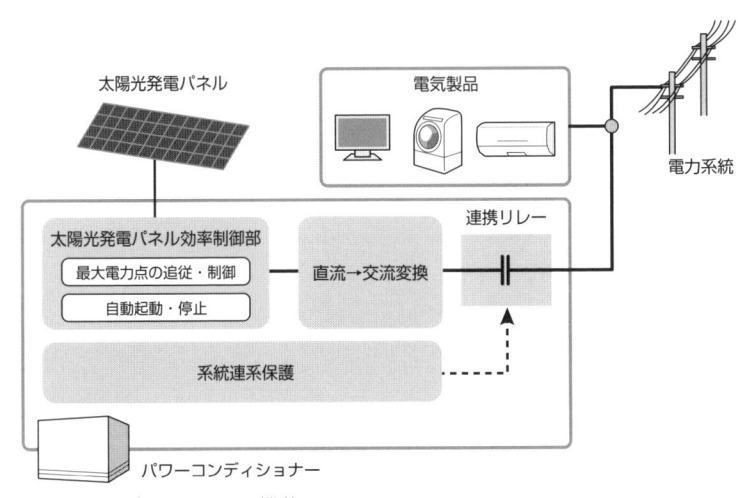

パワーコンディショナーの機能
太陽光発電パネルで発電した直流の電気を交流に変換し、商用電源と連携させるパワーコンディショナー。

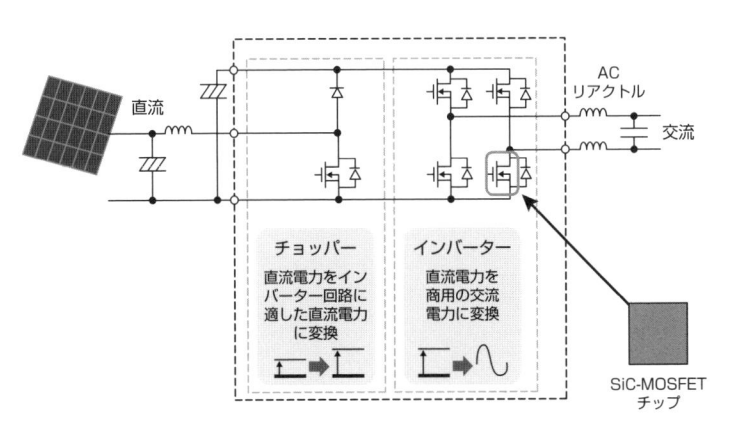

パワーコンディショナーのしくみ
直流の電圧を調整する「チョッパー部」と直流を交流に変換する「インバーター部」からなる。

103

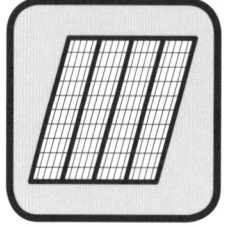

4-4 太陽光発電パネルの製品例
性能、形、デザインでさまざまなバリエーション

太陽光発電パネルは、性能、形、デザインなどの異なるさまざまな製品が市販されています。パネルの構成単位である「太陽電池モジュール」の性能を表す指標は、「最大出力」と「モジュール変換効率」がよく使われています。屋根の形によっては三角形や台形、ハーフサイズなどのモジュールが必要になることもあります。

■ 最大出力とモジュール変換効率

太陽電池モジュールの性能を表すのは、モジュールごとの「最大出力」と、受けた太陽光エネルギーを電力エネルギーに変換する効率「モジュール変換効率」という二つの指標が代表的です。最大出力は80〜260 W程度、モジュール変換効率は約10〜20%と製品によって異なります。また、単結晶型モジュールは、多結晶型モジュールよりも変換効率が一般的に高くなっています。太陽光の受光面積を広げるため、電極を裏側に配置したタイプもあります。

■ モジュールの形と大きさ

太陽電池モジュールの形は長方形のものが一般的です。屋根をできるだけ広く太陽電池モジュールで覆うために、長さが標準サイズの半分の「ハーフサイズ」や幅が薄い「スリムサイズ」などのモジュールも用意されています。

また屋根に直角でない部分がある寄棟屋根や切妻屋根などに太陽電池モジュールを敷き詰めるため、メーカーによっては三角形や台形などのモジュールを用意しています。

■ 据え置き型と屋根材一体型

一般によく使われている据え置き型は、屋根材の上に架台を設置し、その上に設置するタイプの太陽電池モジュールです。一方、屋根材一体型は太陽電池モジュールと屋根材が一つになったタイプで、瓦やスレートなどに対応したものが市販されています。

据え置き型は屋根が2重になるため断熱効果が見込める、熱の逃げ場ができて効率がよい、メンテナンスが楽といったメリットがあります。屋根材一体型は見た目が美しく、施工が速いというメリットがありますが、モジュールに熱がこもりやすく効率が下がる、屋根の一部とみなされて固定資産税がかかる、故障した時に修理が難しい、というデメリットもあります。

太陽光発電パネルメーカーと製品の例

シャープ 1959年から50年以上も太陽光発電に取り組む老舗。高温多湿や台風、積雪など日本の四季の過酷な条件に対応するため独自の品質試験を実施。	
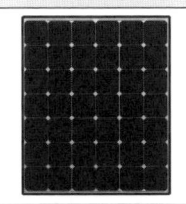	NQ-198AC。単結晶型。表面の電極をなくして効率を高めるなどのBLACKSOLAR技術を採用。モジュール変換効率17.2%、公称最大出力198 W。希望小売価格11万1,600円（税別）
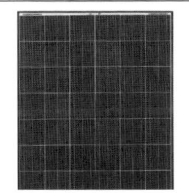	ND-170AA。多結晶のスタンダード型。モジュール変換効率14.7%、公称最大出力170 W。希望小売価格7万5,600円（税別）
	NU-081LB/RB。単結晶型。寄棟屋根にもすっきり配置できるコーナー用。モジュール変換効率11.2%、公称最大出力81 W。希望小売価格4万5,600円（税別）
京セラ 第三者機関「テュフ ラインランド」の「長期連続試験」で世界初の認証を2011年1月に取得した高品質。デザインにも定評がある。	
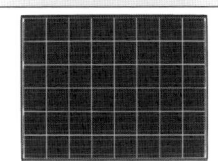	KJ200P-3CUCE（傾斜屋根用）。多結晶型の太陽電池モジュール。縦置き・横置きが選べるスレート瓦用。モジュール変換効率15.1%、公称最大出力200 W。希望小売価格9万6,000円（税別）
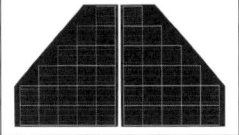	KJ77P-3CTRCA、KJ77P-3CTLCA（傾斜屋根用）。多結晶型の屋根置き型太陽電池モジュール。モジュール変換効率11.47%、公称最大出力77 W。希望小売価格5万3,900円（税別）

	KJ50P-4AYCB。屋根材型太陽電池モジュール（HEYBAN）用。ほかに 61 W、39 W タイプもある。モジュール変換効率 8.58%、公称最大出力 50 W。オープン価格

パナソニック

太陽光発電システム容量 1 kW 当たりの年間予測発電量が 1,179 kWh/kW（大阪市の例）と、トップクラスの HIT シリーズを展開している。

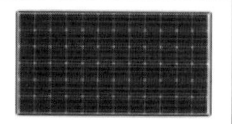	HIT233 シリーズ。単結晶型の代表的製品。モジュール変換効率 18.2%、公称最大出力 233 W。希望小売価格 14 万 5,000 円（税別）
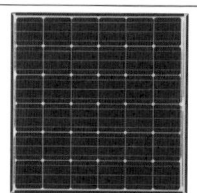	HIT ハーフタイプ 116。HIT233 を半分のサイズにして限られた屋根スペースを活用。モジュール変換効率 17.5%、公称最大出力 116 W。希望小売価格 8 万 5,000 円（税別）
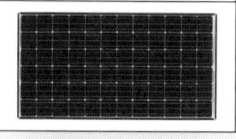	HIT240 シリーズ。単結晶型の受注生産品。ハーフタイプ（HIT ハーフタイプ 120）もある。モジュール変換効率 18.7%、公称最大出力 240 W。希望小売価格 17 万 4,000 円（税別）

三菱電機

日本住宅の屋根形状に合わせて、発電面積を最大限に生かすための台形やハーフ、スリムなどさまざまなモジュールを用意している。

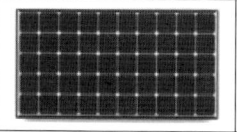	PV-MA2120J。単結晶型の長方形モジュール。モジュール変換効率 14.9%、公称最大出力 212 W。希望小売価格 13 万 5,700 円（税別）
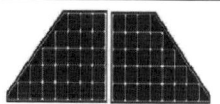	PV-MA1050JL/R。単結晶型の台形モジュール。モジュール変換効率 12.2%、公称最大出力 102 W。希望小売価格 6 万 1,200 円（税別）
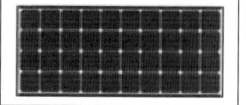	PV-MA1680JW。単結晶型のスリムモジュール。モジュール変換効率 14.5%、公称最大出力 168 W。希望小売価格 10 万 7,600 円（税別）

>> 第4章 太陽光発電システム

ソーラーフロンティア 昭和シェル石油グループ系。熱や影に強く、「実発電量」が多い新世代型薄膜太陽電池（CIS太陽電池）を使用した太陽光発電パネルを製造・販売している。	
	SF165-S。CIS太陽電池を使用した住宅用の太陽光発電モジュール。モジュール変換効率13.4%、公称最大出力165W。オープン価格
カネカ 見た目がきれい、屋根瓦として使える、影の影響を受けにくいなどの特徴を持つ薄膜シリコンハイブリッド太陽電池を主力とする。	
	M-HS200。瓦一体型の「VISOLA（ヴィソラ）」の薄膜シリコンハイブリッド太陽光発電パネル。公称最大出力20W（ほかに19W、21Wタイプもあり）。オープン価格
	J-AV330。スレート瓦用「SOLTILEX（ソルティレックス）」の薄膜シリコンハイブリッド太陽光発電パネル。モジュール変換効率9.1%、公称最大出力33W。オープン価格
	U-NB110/U-NA110。据え置き型「GRANSOLA（グランソーラ）」の薄膜シリコンハイブリッド太陽光発電パネル。モジュール変換効率8.8%、公称最大出力110W。オープン価格
東芝 世界最高のモジュール変換効率20.1%を実現した250Wモジュールが主力。電極を裏面に配置したバックコンタクト方式や反射防止コートなどを採用。	
	SPR-250NE-WHT-J。シリコン単結晶型のパネル。最大モジュール変換効率20.1%、公称最大出力250W。希望小売価格18万2,500円（税別）
	LPM-200S-BLK-J。シリコン単結晶型のブラックモデル。最大モジュール変換効率15.4%、公称最大出力200W。希望小売価格12万6,000円（税別）
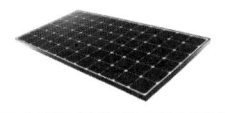	SPR-240NE-WHT-J。シリコン単結晶型のパネル。最大モジュール変換効率19.3%、公称最大出力240W。希望小売価格16万8,000円（税別）

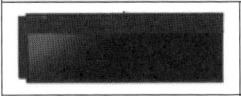

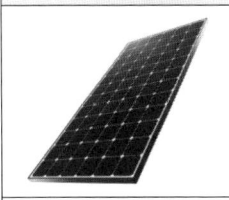

長州産業

独自開発の単結晶シリコン 156 角フルスクエアセルを採用し、トップクラスの高出力を実現。軽くてコンパクト、省スペース設計のモジュール。

CS-260C11。単結晶 156 角フルスクエアセルを採用した高出力パネル。モジュール変換効率 15.9%、公称最大出力 260 W。希望小売価格 16 万 9,000 円（税別）

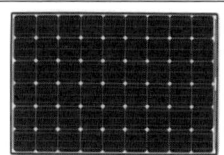

CS-233B21。高効率単結晶セルや低反射ガラスを採用。モジュール変換効率 15.8%、公称最大出力 233 W。希望小売価格 13 万 8,700 円（税別）

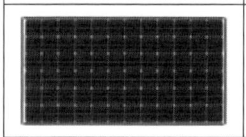

CS-N233SJ01。単結晶シリコンをアモルファスシリコン層ではさんだハイブリッド構造（HIT233W）。モジュール変換効率 18.2%、公称最大出力 233 W。希望小売価格 14 万 5,000 円（税別）

サンテックパワー

世界 80 ヵ国以上で 2,500 万枚以上の太陽光発電モジュールを納品した太陽光発電専業メーカー。変換効率の高い単結晶モジュールを展開している。

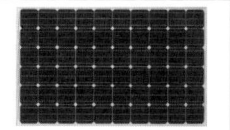

STP255S-20/Wd。単結晶セル採用の「サンクリスタル Wd」シリーズ。モジュール変換効率 15.7%、公称最大出力 255 W。希望小売価格 15 万 3,000 円（税別）。ハーフサイズ（公称最大出力 130 W）もある

STP250S-20/Wdb。単結晶セルに黒のバックシートとフレームを付けた「ブラックレーベル Wdb」シリーズ。モジュール変換効率 15.4%、公称最大出力 250 W。希望小売価格 15 万円（税別）

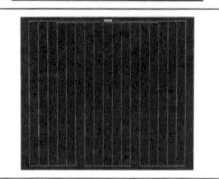

STP125S-10/Ndb。「ブラックレーベル Wdb」シリーズのハーフサイズモジュール。モジュール変換効率 14.8%、公称最大出力 125 W。希望小売価格 10 万円（税別）

カナディアン・ソーラー

50ヵ国以上で導入された実績があり、25年の出力保証を行っている。単結晶の高効率モジュールが主力。強度と耐久性が売り。

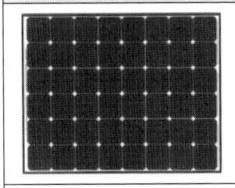	CS6A-215MM。ブラックフレームを採用した単結晶モジュール。モジュール変換効率16.5％、公称最大出力215 W。希望小売価格13万5,450円（税別）
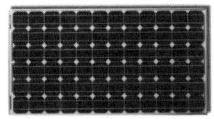	CS5A-200M。ブラックフレームを採用した単結晶モジュール。モジュール変換効率15.65％、公称最大出力200 W。希望小売価格12万4,000円（税別）
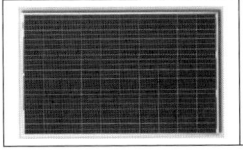	CS6P-240P。高い積雪荷重に耐える多結晶タイプ。モジュール変換効率14.92％、公称最大出力240 W

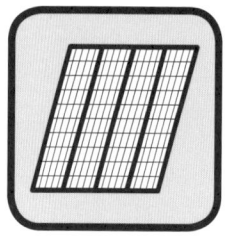

4-5 太陽光発電に対する優遇策
設置費用の補助と余剰電力の買取制度

太陽光発電システムの優遇策としては、設置費用に対する国や地方自治体の補助金と、発電した電力のうち余剰電力を電力会社が買い取ってくれる制度があります。補助金の金額や申請時期、余剰電力の買取価格や買取期間などの条件は、毎年変更されるのでWebサイトなどで最新情報を調べることが大切です。

◻ 国の補助金

住宅用太陽光発電システムの設置費用の一部を補助する「住宅用太陽光発電導入支援対策費補助金」があり、一般社団法人 太陽光発電協会の太陽光発電普及拡大センター（J-PEC）が申請窓口です。補助対象は10kW未満のシステムです。

申請手続きは2段階となっており、まず太陽光発電システムの設置工事を行う前に「補助金申込書」（第1段階）を提出します。補助金の受領が決定してから工事を行い、工事が完了してから「補助金交付申請書（兼完了報告書）」（第2段階）を提出すると、補助金が支払われます。2013年度は10kW未満の太陽光発電システムで、出力1kW当たり2万円（1kW当たりの価格が41万円以下の場合）または1万5,000円（同50万円以下の場合）です（詳細はJ-PECのサイトで確認のこと）。

◻ 地方自治体の補助金

一部の都道府県や市町村も、太陽光発電システムに対する独自の補助金制度を設けており、これらの補助金は国の補助金と合わせて受給できる場合があります。補助金の額や募集期間などは時期によって変わりますので、こまめにWebサイトなどで調べましょう。

◻ 余剰電力の買取制度

太陽光発電システムでつくった電気のうち、余剰電力を電力会社が一定期間、一定金額で買い取ってくれる「再生可能エネルギーの固定価格買取制度」があります。買取価格（調達価格）や買取期間（調達期間）は年度ごとに見直されます。

>> 第4章 太陽光発電システム

2013年度の場合、出力10 kW以上は37.8円（1 kWh当たり、税込み。以下同じ）で2年間、出力10 kW未満（ダブル発電除く）は38円で10年間、出力10 kW未満のダブル発電は31円で10年間となっています。

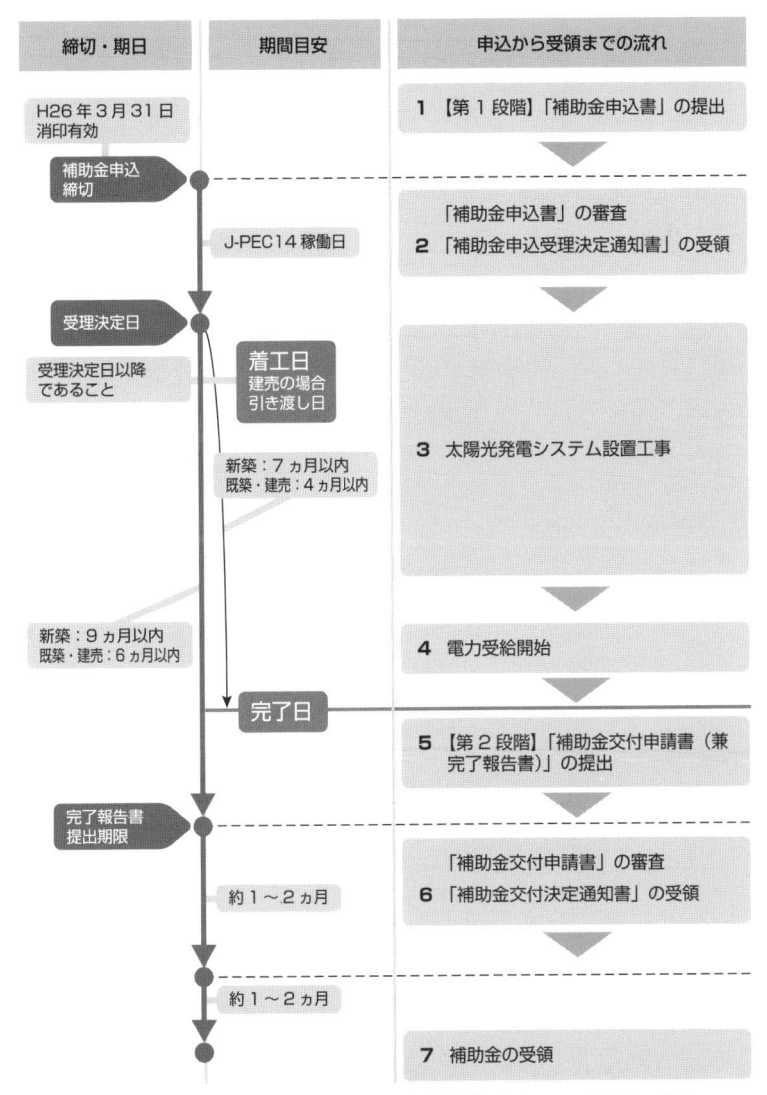

締切・期日	期間目安	申込から受領までの流れ
H26年3月31日 消印有効 補助金申込締切		1 【第1段階】「補助金申込書」の提出
	J-PEC14 稼働日	2 「補助金申込書」の審査 「補助金申込受理決定通知書」の受領
受理決定日 受理決定日以降であること	着工日 建売の場合引き渡し日 新築：7ヵ月以内 既築・建売：4ヵ月以内	3 太陽光発電システム設置工事
	新築：9ヵ月以内 既築・建売：6ヵ月以内	4 電力受給開始
	完了日	5 【第2段階】「補助金交付申請書（兼完了報告書）」の提出
完了報告書提出期限	約1～2ヵ月	6 「補助金交付申請書」の審査 「補助金交付決定通知書」の受領
	約1～2ヵ月	7 補助金の受領

「2013年度住宅用太陽光発電導入支対策費援補助金」の手続きの流れ
（資料提供：一般社団法人 太陽光発電協会 太陽光発電普及拡大センター）

[column 04]

太陽光発電で開閉する電動シャッター

　スマートハウスで電動式の建具や設備などを設置する時、障害となるのが電源などの配線工事です。

　そこで三和シヤッター工業は、太陽光エネルギーで開閉する業界初の電動窓シャッターを発売しました。「マドモア スクリーンS ソーラータイプ」という製品で、太陽光発電パネルとニッケル水素蓄電池が付いており、その電気だけを使ってシャッターを開閉できます。配線の手間がいらず、壁などに取り付けた配線が建物の美観を損ねることもないのでスマートです。

　毎日の電気代が不要になるのはもちろん、電波式リモコンを標準装備しているので屋外・屋内の配線工事は必要ありません。曇りや雨天が5日間続いても動作可能です。1年を通じて正午前後に1日3時間以上、日が当たる場所であれば設置可能です。

太陽エネルギーで開閉する「マドモア スクリーンS ソーラータイプ」。円内がソーラーパネル（写真提供：三和シヤッター工業）

第 5 章

さまざまな自然エネルギー

　自然エネルギーとしては太陽光発電が代表的ですが、このほかにもスマートハウスで利用できるさまざまな自然エネルギーがあります。
　たとえば、太陽熱温水器は、太陽の熱を使ってお湯を沸かす機器で効率は50〜60％ととても高く、地中の温度は平均15℃程度で年間ほぼ一定しているので、夏は冷熱、冬は温熱として利用できます。「熱は熱で」利用することで省エネ効率が上がります。
　小型の風力発電機や水力発電装置などもHEMSと連携させて使えるほか、薪などのバイオマスエネルギーによる暖房、井戸水や雨水を利用した空調を行うことでエネルギー消費を減らすことができます。自然エネルギーを使う機器は補助金の対象になっているものもあります。

5-1 » 太陽光以外の再生可能エネルギー
さまざまな太陽の恵みの利用

スマートハウスでは、太陽光発電以外にもさまざまな再生可能エネルギーを使って省エネ、創エネ、蓄エネを行うことができます。太陽熱を直接利用してお湯を沸かす太陽熱温水器や超小型の水力・風力発電機、地熱や雨水の熱を利用した空調、薪（まき）や木質ペレットを使ったストーブなどが代表的です。

■ CO_2 排出量ゼロの再生可能エネルギー

スマートハウスの創エネ装置として使われている太陽光発電パネルは、太陽光のエネルギーを直接、電気に変えて住宅内で利用します。しかし、太陽エネルギーの活用方法はそれだけではありません。太陽熱を利用してお湯を沸かしたり、太陽光で育った樹木を原料とする薪や木質ペレットを燃料として暖房や調理を行ったり、太陽エネルギーによって吹く風や、川の流れなどを利用してつくった電気を使ったりすることもできます。

これらは再生可能エネルギーと呼ばれ、太陽エネルギーが姿を変えたものです。そのため石油や石炭などの化石燃料とは違い、CO_2排出量はゼロと見なされます。

再生可能エネルギーには地熱もあります。地中の温度は約15℃で一年中ほぼ一定しており、夏は涼しく、冬は暖かい空調エネルギーとして使えます。

■ スマートハウスでの活用法

太陽熱温水器は給湯システムに接続し、給湯器で沸かす前に予熱したり、お風呂に直接給湯することで、給湯に必要なエネルギーを節約できます。住宅用の小型風力発電機やマイクロ水力発電機でつくった電気は、太陽光発電と同様にパワーコンディショナーを介して分電盤に接続し、商用電源と系統連系して使うことができます。

薪ストーブやペレットストーブは、暖房機器として使用したり、温水ボイラー機能付きのものは給湯や床暖房に使ったりすることもできます。電気やガスの使用量を節約できます。

◼ HEMSとの連携

　太陽光発電以外でHEMSと連携する創エネ機器としては、あまり例がなく、例外的に住宅展示場などでは小型風力発電機やマイクロ水力発電機と連携させた例がある程度です。太陽熱温水器も独立したシステムとして、沸かしたお湯の温度などをモニターで見られる製品もあります。しかし、HEMSの標準規格であるECHONET Liteの機器オブジェクトには、住宅設備や家電に関係するほとんどのセンサーや機器が含まれていますので、今後、さまざまな再生エネルギー機器とHEMSとの連携が進んでいくでしょう。

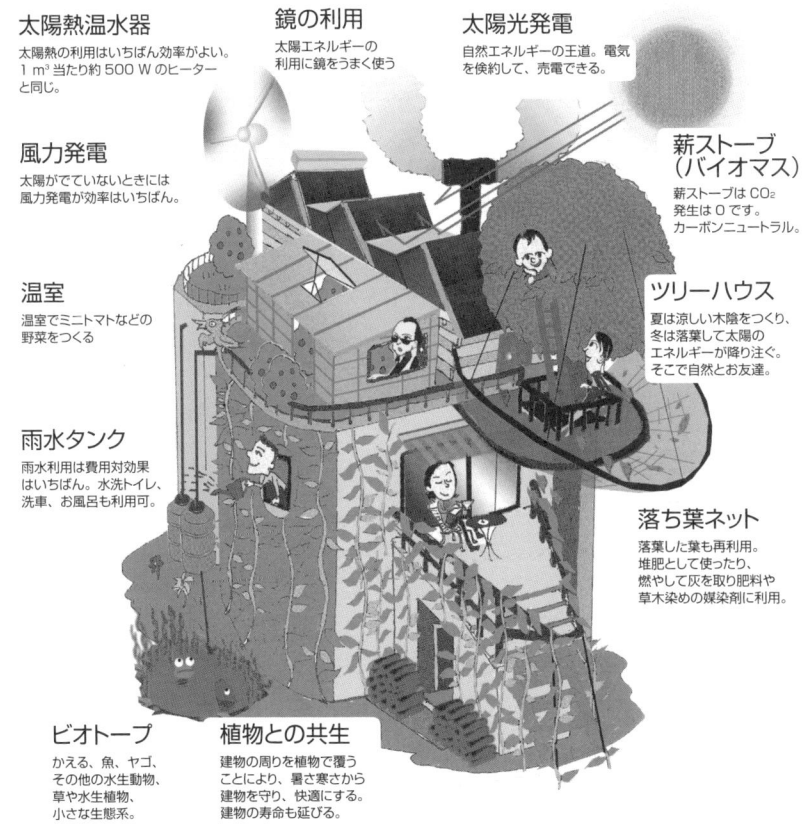

太陽熱温水器
太陽熱の利用はいちばん効率がよい。1 m³当たり約500 Wのヒーターと同じ。

鏡の利用
太陽エネルギーの利用に鏡をうまく使う

太陽光発電
自然エネルギーの王道。電気を倹約して、売電できる。

風力発電
太陽がでていないときには風力発電が効率はいちばん。

薪ストーブ（バイオマス）
薪ストーブはCO_2発生は0です。カーボンニュートラル。

温室
温室でミニトマトなどの野菜をつくる

ツリーハウス
夏は涼しい木陰をつくり、冬は落葉して太陽のエネルギーが降り注ぐ。そこで自然とお友達。

雨水タンク
雨水利用は費用対効果はいちばん。水洗トイレ、洗車、お風呂も利用可。

落ち葉ネット
落葉した葉も再利用。堆肥として使ったり、燃やして灰を取り肥料や草木染めの媒染剤に利用。

ビオトープ
かえる、魚、ヤゴ、その他の水生動物、草や水生植物、小さな生態系。

植物との共生
建物の周りを植物で覆うことにより、暑さ寒さから建物を守り、快適にする。建物の寿命も延びる。

再生可能エネルギー活用のイメージ
（資料提供：NPO法人 木の家だいすきの会）

5-2 太陽熱温水器
「熱は熱で」を高効率で実現

　太陽光に含まれる熱エネルギーを直接、お湯に変える装置が太陽熱温水器です。その効率は50～60％にも達します。一方、太陽光発電は発電の段階で効率が十数％しかなく、その電気を使って高効率のヒートポンプ給湯器でお湯を沸かしても、全体効率は太陽エネルギーの十数％にしかなりません。

■ 太陽熱温水器のしくみ

　住宅の給湯に使われる太陽熱温水器には、集熱器とタンクが一体となった「タンク一体型」と、集熱器とタンクが分かれている「タンク分離型」があります。

　タンク一体型は自然循環式とも呼ばれ、太陽熱で温められた熱媒水が集熱器から上部のタンクに自然対流によって上昇し、タンクの上部からお湯を取り出します。タンク分離型は、屋根の上の集熱器の熱で温められた水を地上のタンクに蓄えるので、屋根にかかる荷重が小さいというメリットがあります。

　また、タンク一体型のものには耐圧タンクを備え、水道に直結できる「水道直圧式」と、高低差でお湯を送る「落下式」があります。

■ 集熱器の形式と効率

　太陽熱を集める集熱器には、「平板型集熱器」と「真空管型集熱器」があります。

　平板型集熱器は、平板・黒色の集熱面に水や不凍液などを接触させることで太陽熱を集めます。裏側は断熱材で熱が逃げないようにします。

　一方、真空管型集熱器は、不凍液などの熱媒を通す管と集熱板を真空のガラス管に入れ、これを何本も並べた構造です。ガラス管内が真空のため、対流による熱損失が起こらず、平板型集熱器に比べて高効率です。

　太陽熱温水器は、太陽光エネルギーの50～60％という高い効率でお湯を沸かすことができます。「熱は熱で」利用することで、こうした高効率が実現できるのです。

>> 第5章 さまざまな自然エネルギー

■ スマートハウスでの活用法

　太陽熱温水器にはエコキュートやガス湯沸かし器などの給湯器と接続できるタイプもあります。スマートハウスの給湯システムの予熱源として、太陽熱温水器を利用することで、給湯用の電力やガスを節約できます。

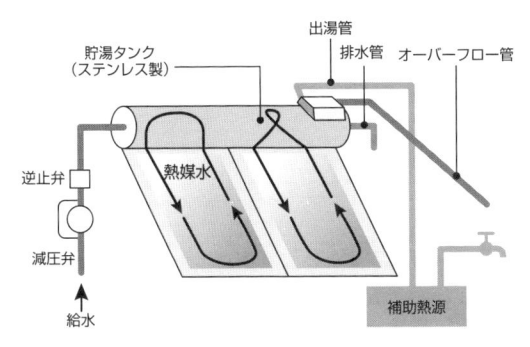

太陽熱温水器のしくみ。タンク一体型の例（資料提供：長府製作所）

平板型集熱器を備えた太陽熱温水器の例。エコワイター「SW1-211LD」型（資料提供：長府製作所）

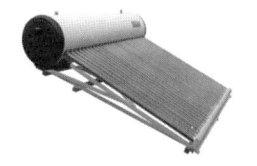

真空管型集熱器を備えた太陽熱温水器の例。サナース（資料提供：寺田鉄工所）

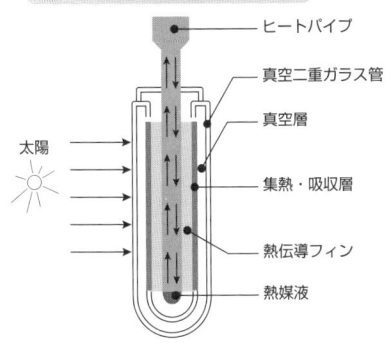

真空管型集熱器のしくみ。真空管型集熱器の熱を利用してタンク内の水を加熱する（左）。太陽熱集熱器の構造（右）（資料提供：寺田鉄工所）

5-3 地熱利用
温度が一定した地下熱の活用

3mよりも深い地中の温度は年間通してあまり変わらず、平均で15℃程度です。夏は涼しく、冬は暖かい地熱を利用することで、空調エネルギーを節約することができます。基礎に断熱を設けて地熱を住宅全体で利用する方法や、地熱パイプを地中に埋め込んで利用する方法などがあります。

◼ 地熱利用のしくみ

夏と冬で、外気温は大きく変化しますが、深さ5m程度の地中温度は平均15〜16℃程度で一定しており、夏は涼しく、冬は暖かく感じる温度です。この地熱を冷暖房に利用することで、空調エネルギーを節約することができます。

◼ スマートハウスでの地熱利用法

地熱の利用法の一つに、基礎を断熱材で覆うことで、床下と地面との間をすっぽり覆う方法があります。外気の取り入れは換気だけに限ることで、地熱の温度を生かして夏は涼しく、冬は暖かい空気を住宅内に取り入れることができます。

◼ 地熱パイプの空調利用

もう一つの地熱利用法は、「地熱パイプ」を地中5〜10m程度まで埋め込み、深い部分の地熱を利用する方法です。地熱パイプは二重管になっており、ここに外気を通すことで夏は涼しく、冬は暖かい空気を住宅内に取り入れることができます。また、エアコン室外機の放熱器代わりに地熱パイプを利用すると、冷暖房の効率が非常に高くなります。

◼ 井戸水の利用法

井戸水や地下水の水温も地中の温度と同様に15℃前後で年間通じてあまり変動しないので、井戸水や地下水をくみ上げて住宅内の熱交換器に通し、空調を行う方法もあります。ヒートポンプを使わないので消費電力は5分の1程度です。

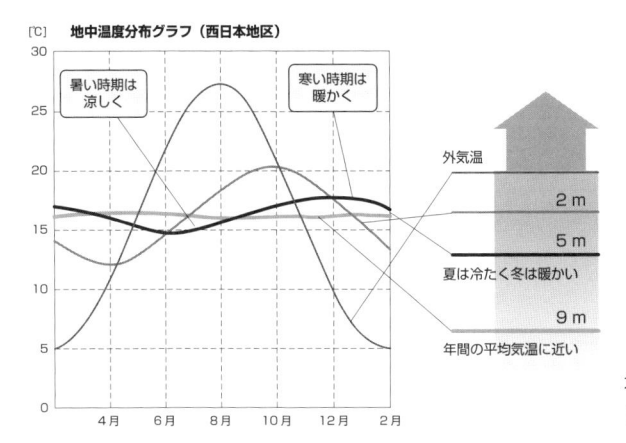

>> 第5章 さまざまな自然エネルギー

地下の温度分布
（資料提供：クレア）

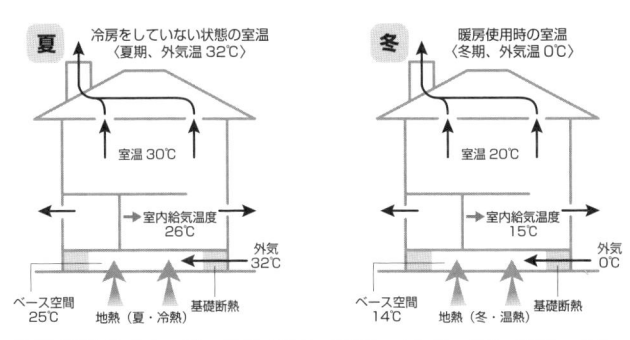

地熱利用のイメージ。地熱を夏は「冷熱」として、冬は「温熱」として利用する（資料提供：パナホーム）

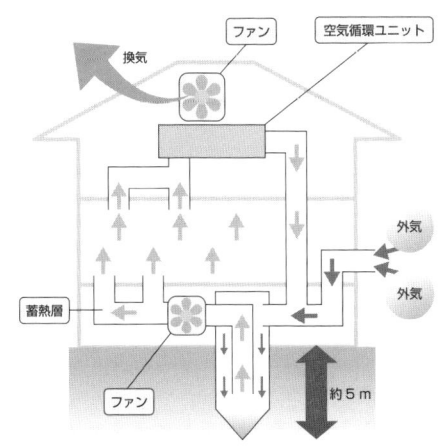

地熱パイプを利用した換気システム。外気をいったん、地熱パイプに通すことで夏は涼しく、冬は暖かい空気を取り入れて、空調エネルギーを節約する（資料：梶川建設）

5-4 小型風力発電
家庭用風力発電機の市販化

　風の強い地域で見られる風力発電機を小型にし、一般住宅でも使えるようにしたものです。プロペラが風を受けると回転し、その力で発電機を回します。発電した電気はパワーコンディショナーを経由して分電盤に接続し、系統連系できるタイプもあります。

■ 風力発電機のしくみ

　住宅で使われる風力発電機は出力1～5 kW程度のものが一般的です。本体にはプロペラが付いており、風を受けるとプロペラの回転力で発電機を回し、発電します。プロペラがつねに風上を向くように、本体は360°旋回するようになっています。

　プロペラのまわりに「風レンズ」というリング状のダクトを付けた製品は、ダクト内に流入する風速を増加させる効果があります。

■ パワーコンディショナーによる分電盤への接続

　風力発電機で発電した電気は、太陽光発電と同様にパワーコンディショナーによって商用電源と同じ100 Vの交流に変換し、分電盤に接続し住宅内で使うことができます。また、風力発電でつくった電気を電力会社が買い取る「再生可能エネルギーの固定価格買取制度（FIT）」もあり、この制度に対応した風力発電システムもあります。系統連系できる風力発電システムの価格例では1 kWタイプで140万円程度のものが販売されています。

■ 風力発電に適する立地

　太陽光発電と異なり、風力発電機の稼働率は設置する地方や場所によって大きく異なります。平均風速が大きく、風が一定して吹くところでは建設費に見合った発電ができることもありますが、そうでない場所では発電量がほとんどない場合もあります。設置にあたっては、十分な発電量が期待できる場所かどうかを事

>> 第5章 さまざまな自然エネルギー

前に調査する必要があります。

◻ HEMSと風力発電の連携

風力発電とHEMSとの連携は、あまり例がありませんが、最近は住宅展示場のモデルハウスなどで、HEMSと連携させた例があります。

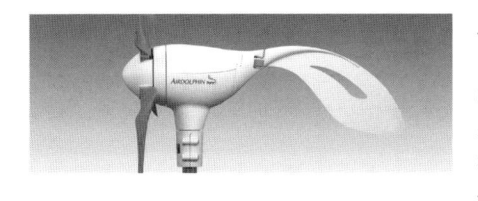

エアドルフィンGTO。ローター直径1,800 mm、重量20 kg、風車DC出力1.1 kW（風速12.5 m/s時）の性能を持つ。系統連系や再生可能エネルギーの固定価格買取制度にも対応している（資料提供：ゼファー）

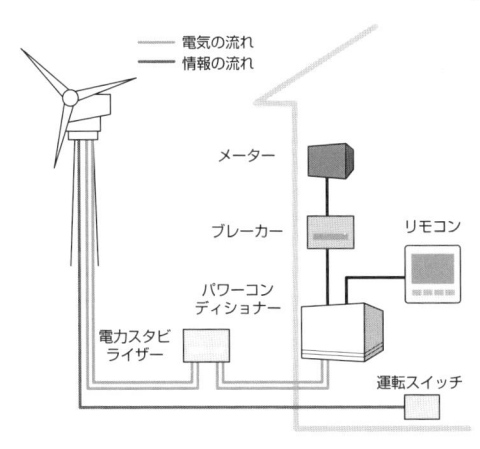

風力発電機の系統連系設備
（資料提供：ゼファー）

HEMSと連携した風力発電機の例

東京都立川市住宅展示場に設置した風力発電機。発電効率を高める「風レンズ風車 WL5000 系統連系タイプ」を使用している。定格出力は5 kW（定格風速12 m/s）（資料提供：イデアホーム）

5-5 マイクロ水力発電
川や用水路の流れによる発電

農業用水や水路、渓流などを利用して数十〜2,000 kW程度の小規模な水力発電を行うことを小水力発電といいます。とくに200 kW未満の発電設備は、いろいろな手続きが簡素化され、「マイクロ水力発電」と呼ばれています。ダムなどの大規模な水源がいらないため、今後の普及が期待されています。

◼ マイクロ水力発電とは

マイクロ水力発電とは、中小河川や用水路など、小さな落差と水源で水力発電することで、200 kW未満の発電設備は各種手続きが簡素化されています。ある程度の水量があればどこでも発電でき、太陽光発電や風力発電と違って天候や風によって発電量が変動しないというメリットがあります。

◼ 水力発電のしくみ

水力発電設備は水路または水管、水車、発電機、制御装置で構成されます。中小河川などで水位に落差があるところを水管でつなぎ、水管を流れ落ちる水で発電機とつないだ水車を回し電気をつくります。

水車にはいろいろな種類があり、水路の落差や流量によって適したものを使います。たとえば、有効落差が15 m以上の場合はフランシス水車、8 m以上はターゴインパルス水車、2 m以上はクロスフロー水車、数十cm程度の超低落差で水量の多い場合には開放周流型水車が適しています。

◼ スマートハウスでの利用

発電機には交流用、直流用がありますが、スマートハウスで使うためには直流用の発電機が適しています。これに太陽光発電用のパワーコンディショナーを接続して交流100 Vに変換し、スマートハウスの分電盤につないで系統連系することが可能です。

>> 第5章 さまざまな自然エネルギー

発電電力 P (kW) ≒ 7 × 流量 Q × 落差 H

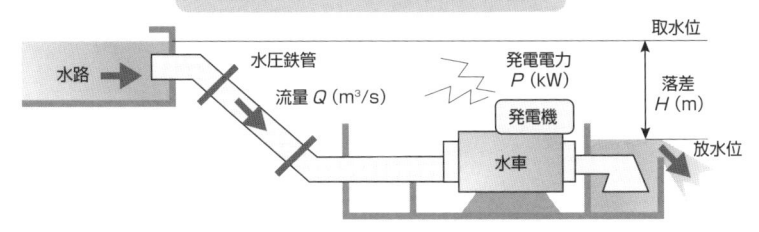

マイクロ水力発電の概念図

マイクロ水力発電機「MHG-5」。クロスフロー水車を使用し、有効落差 10 〜 30 m、水量 0.02 〜 0.04 m³/s で、最大出力 5 kW を発電する。系統連系に対応（資料提供：デンヨー）

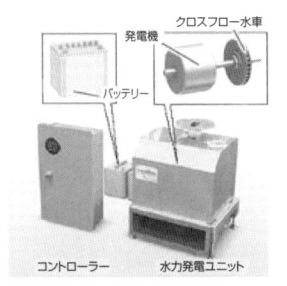

マイクロ水力発電装置「リッター水力発電」。クロスフロー水車を使用し、落差 1 〜 10 m、流量 5 〜 17 L/s で 1 kW を発電する（HG10 型の場合）（資料提供：シンフォニア テクノロジー）

古民家に設置されたマイクロ水力発電用水車の例
（資料提供：えーさん日記）

5-6 » バイオマスエネルギー
薪や木質ペレットを燃料に活用

薪や木質ペレットは、燃やすとCO_2が出ますが、もともと地球上にあったCO_2が光合成で変化したものなのでCO_2排出量としてはゼロと見なされます。そこで、薪や木質ペレットを燃料にしたストーブや温水ボイラーなどを使うことで、CO_2排出量ゼロの暖房や調理が可能になります。

■ バイオマスエネルギーとは

バイオマスとは、石油や石炭などの化石燃料を除く、再生可能な生物由来の動植物資源をさします。バイオマスエネルギーとは、木材や紙、海草、ふん尿などの有機物を利用したエネルギーです。

■ カーボンニュートラルとは

カーボンニュートラルとは生物のライフサイクルの中で、CO_2の排出と吸収がトータルでゼロになることをいいます。木材の場合、太陽光エネルギーによって光合成をしながら成長するとき、空気中のCO_2を吸収します。そして燃料として燃やしたときに発生するCO_2は光合成で吸収した量と同じですので相殺されます。

そのため、薪や木質ペレットなどを燃料にすると、CO_2を排出しても化石燃料とは異なり、「CO_2排出量ゼロ」と見なされます。

■ 薪や木質ペレットによる暖房

薪や木質ペレットを燃料とした暖房には、薪ストーブやペレットストーブなどがあります。木質ペレットとはおがくずなどの木くずを破砕し、圧縮成形した固体燃料です。樹皮を含まない「木部ペレット」の場合は火力が強く、灰が1％未満と非常に少ないのが特徴です。この木質ペレットを燃料としたストーブには、室内の空気を燃焼に使い煙突で煙を排出する従来型のタイプや、屋外に設置した煙突で排気や給気を行うFF式のものなどがあります。

ペレットストーブの例。従来型（左）とFF式（右）

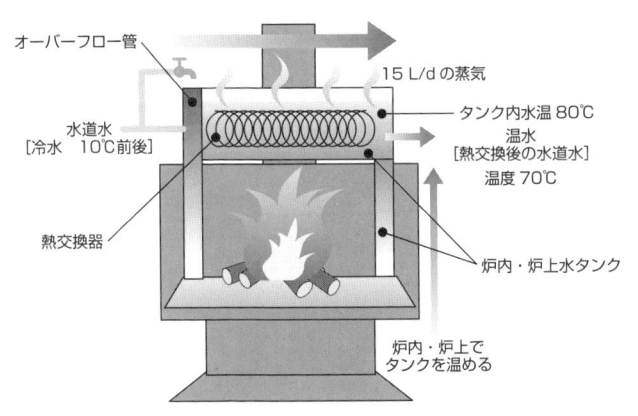

熱交換システム付きの薪ストーブ。ストーブ上部に水タンクがあり、冷水を70℃の温水にして住宅内に供給する（資料提供：くらら工房）

1. 1台で70坪を全館暖房
2. 温水床暖房
3. お風呂の給湯
4. キッチンの給湯
5. 2fなど離れた部屋の暖房
6. 加湿器
7. 迫力の炎の癒し

薪ストーブによる給湯システムの例。薪ストーブでつくった温水を床暖房やお風呂、キッチンの給湯などに活用する薪ストーブ給湯システム「オーロラアクア」（資料提供：くらら工房）

5-7 雨水利用システム
省エネや防災への雨水活用

　雨水をタンクにためておき、庭への散水や洗車、トイレの洗浄水などの雑用水として有効利用するのが「雨水利用システム」です。埋設型タンクを使った場合は、地熱によって冷却された水を室内に置いた熱交換器に導き、冷房に使うこともできます。災害時には貴重な水源にもなります。

■ 雨水利用システムのしくみ

　雨水利用システムの水源は、屋根に降った雨水です。雨どいの水を下水道に導く排水管の途中に取水装置を設け、ごみや葉などをろ過した水を雨水タンクにためて利用します。

■ 雨水タンク

　雨水タンクは地上に設置するタイプや地下に埋設するタイプがあります。タンク容量は地上設置型が数十〜 1,000 L（リットル）、埋設型は1,000 L以上のものが一般的で、連結して増設できるタイプもあります。
　とくに埋設型タンクの場合は、内部を清潔に保つために清掃や洗浄が行いやすい構造のものを選ぶことが大切です。雨水をタンクに入れる前に水を浄化する装置も市販されています。

■ 蒸発熱を利用した冷却効果

　雨水を省エネに活用する方法としては、夏季に屋根や庭に散水することにより、蒸発熱でスマートハウスや周辺を冷却することで冷房コストを抑える使い方があります。水を微細な霧状に噴射して外気を冷やすドライ型ミスト装置に給水して屋外の空気を冷やすこともできます。

■ 地熱を利用した冷房にも活用

　屋外型タンクを使った場合は、夏季に地熱で冷やされたタンクの水が底部にた

>> 第5章 さまざまな自然エネルギー

まります。この水を室内の熱交換器に導いて、部屋の空気を冷やすことにより空調としても使えます。

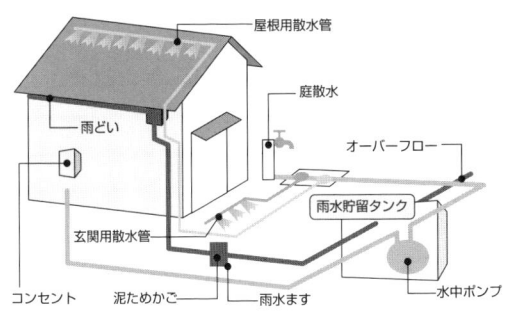

雨水利用システムのイメージ

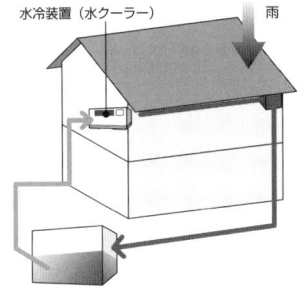

地下埋設タンクの冷水を使った水クーラー
埋設タンクの下部にたまった約20℃の冷水を室内の熱交換器（水クーラー）に送り冷房装置として活用する。

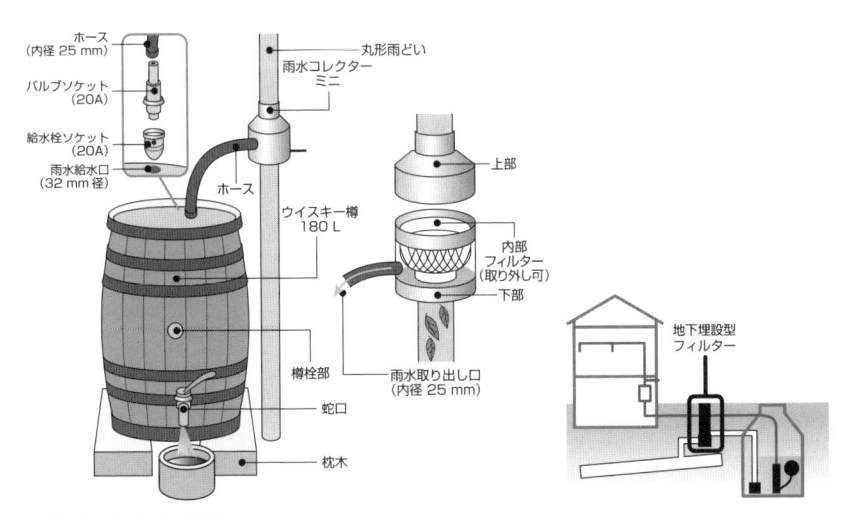

雨水タンクの設置例
地上設置型タンク（左）と地下埋設型タンク（右）（資料提供：シップスレインワールド）

5-8
自然エネルギー利用の優遇策
再生エネルギーは買取、機器購入に補助金

　太陽光や風力、水力などを使って発電した電気は、「再生可能エネルギーの固定価格買取制度」で電力会社が一定期間、同じ価格で買い取ってくれます。太陽光発電の余剰電力を電力会社に売電できるのは、この制度のおかげです。買取価格は毎年変更されますが、契約時の価格・期間で固定されます。

◻ 再生可能エネルギーとは

　再生可能エネルギーとは、太陽光や太陽熱、水力、風力、地熱、バイオマス（再生可能な生物由来の有機性資源）などのエネルギーを意味します。石油や石炭などの化石燃料は限りがあるエネルギー資源なのに対し、再生可能エネルギーは枯渇しません。

◻ 平成24年にスタートした買取制度

　「再生可能エネルギーの固定価格買取制度」は、再生可能エネルギーの普及・拡大を行うため、平成24年7月にスタートしました。この制度は、再生可能エネルギーによってつくられた電気を電力会社が一定の価格・期間で買い取ることを義務づけるものです。スマートハウスに設置した太陽光発電システムで、余剰電力を電力会社に売電できるのは、この制度によるものです。

　電力の買取価格や期間は、毎年変更されますが、買取契約をした人は、その時点の価格と期間が「固定」されます。そのため、長期間にわたって太陽光発電システムなどへの投資と回収を計画的に行えます。電力を買い取る資金は、電気料金の一部として上乗せされた「賦課金」です。

◻ 太陽熱温水器、雨水タンクにも補助金

　太陽光発電システムと同様に太陽熱温水器や雨水タンク、木質バイオマスストーブなども補助金が受けられる場合があります。市町村レベルで交付されていることもありますので、スマートハウスを建てる際には、建設予定地の自治体の

Webサイトを調べてみるとよいでしょう。

太陽光	10 kW 以上	10 kW 未満	10 kW 未満（ダブル発電）
調達価格	37.8 円	38 円※	31 円※
調達期間	20 年間	10 年間	10 年間

〔※〕消費税の取扱いについて
消費税については、将来的な消費税の税率変更の可能性も想定し、外税方式とすることとした。ただし、一般消費者向けが大宗となる太陽光発電の余剰買取の買取区分については、従来どおり内税方式とした。

風力	20 kW 以上	20 kW 未満
調達価格	23.1 円	57.75 円
調達期間	20 年間	20 年間

水力	1,000 kW 以上 30,000 kW 未満	200 kW 以上 1,000 kW 未満	200 kW 未満
調達価格	25.2 円	30.45 円	35.7 円
調達期間	20 年間	20 年間	20 年間

地熱	15,000 kW 以上	15,000 kW 未満
調達価格	27.3 円	42 円
調達期間	15 年間	15 年間

バイオマス	メタン発酵ガス化発電	未利用木材燃焼発電（※1）	一般木材など燃焼発電（※2）	廃棄物（木質以外）燃焼発電（※3）	リサイクル木材燃焼発電（※4）
調達価格	40.95 円	33.6 円	25.2 円	17.85 円	13.65 円
調達期間	20 年間	20 年間	20 年間	20 年間	20 年間

平成 25 年度（2013 年 4 月～ 2014 年 3 月）の買取価格

〔※1〕間伐材や主伐材であって、設備認定において未利用であることが確認できたものに由来するバイオマスを燃焼させる発電
〔※2〕未利用木材およびリサイクル木材以外の木材（製材端材や輸入木材）並びにパーム椰子殻、稲わら・もみ殻に由来するバイオマスを燃焼させる発電
〔※3〕一般廃棄物、下水汚泥、食品廃棄物、RDF、RPF、黒液などの廃棄物由来のバイオマスを燃焼させる発電
〔※4〕建設廃材に由来するバイオマスを燃焼させる発電

（資料提供：「なっとく！再生可能エネルギー」経済産業省 資源エネルギー庁）

[column 05]

エアコンの室外機に"打ち水"すると省エネに

　冷房時にエアコンは、室内の熱エネルギーを室内機によって吸収し、その熱を外気に向かって室外機から放出します。外気温が高いほど、室外機から熱が放出しにくくなるので、冷房効率が悪くなります。

　こんな時、室外機に水をまくと、冷房の効率がぐんとアップします。というのは室外機にかかった水が蒸発する時の潜熱で、熱を外気に伝える熱交換器の温度が下がり、熱が放出しやすくなるからです。

　散水の方法は自動散水機を使って室外機周辺に"打ち水"したり、「ドライミスト」という装置を使って室外機周辺に細かい霧を散布したりします。水は水道水のほか、雨水を浄化・除菌して使う方法もあります。

　このほか、屋根への散水も省エネ効果があります。夏場の屋根の温度は50℃以上になるので、散水によって温度上昇を抑えると空調のエネルギーも節約できます。水の「潜熱」は夏場の省エネに大活躍します。

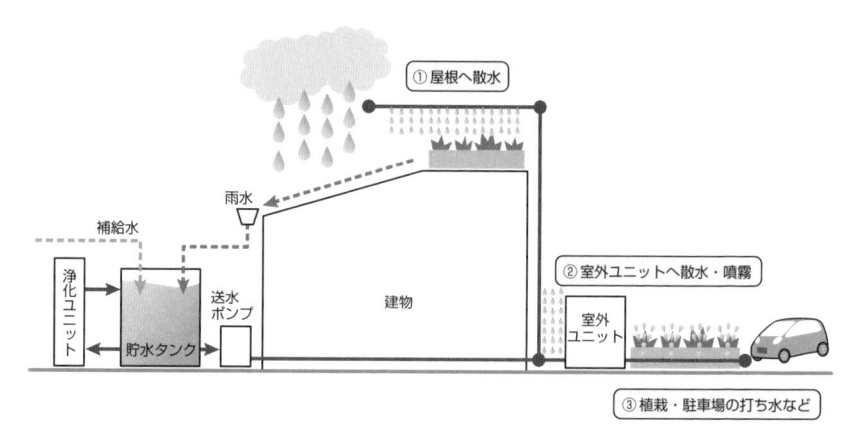

雨水を利用した室外機への散水・噴霧の例

第 6 章

蓄電池とコージェネレーション

　住宅用蓄電池は、数kWhの電力をためておき、必要なときに使うことができる装置です。電気代が安い深夜に充電し、昼間の電力ピーク時に使うことで電力のピークカットを行ったり、災害時には太陽光発電でつくった電気をためて夜間に使ったりすることもできます。
　都市ガスやLPガスを燃料として発電と給湯を同時に行う住宅用燃料電池や小型ガス発電システムは、「コージェネレーションシステム」と呼ばれます。太陽光発電が使えない夜間や雨天の日にも、電気を自前でつくり出すことができるほか、停電時にもガスがあれば電気を利用できるメリットもあります。太陽光発電との「ダブル発電」がスマートハウスに装備されていると、余剰電力を電力会社に売却し、収入を得ることもできます。

6-1 蓄電池のしくみ
「電気のタンク」としての機能

電気はガソリンやガスなどと違い、発電した瞬間に消費する必要があります。そこで一時的に電気をためておく「タンク」の役割をするのが蓄電池です。蓄電池は電力の消費量に余裕がある時に充電しておき、その電気を電力が不足している時に放電することで、ピークカットや節電などに役立ちます。

◘ 蓄電池は「電気のタンク」

蓄電池は、電気をためておく「タンク」のような働きをします。蓄電池に外部から電気を供給（充電）すると、電気がたまり、たまった電気は、引き出して（放電）ほかの機器などで使うことができます。

◘ リチウムイオン電池の充電と放電

住宅用蓄電池としてよく使われるリチウムイオン電池は、正（プラス）の電気を帯びた「リチウムイオン（Li^+）」というイオンの原子が、蓄電池内の電解質を通って正極（プラス極）と負極（マイナス極）の間を移動することで、充電や放電を行います。

充電する時は、外部の電源から正極に向かって電流を流し込みます。すると蓄電池の内部ではリチウムイオンが正極から負極側に移動し、電気が蓄えられます。放電する時は、正極から外部の機器に向かって電流が流れ、蓄電池の内部ではリチウムイオンが負極から正極側に移動します。

◘ ピークカットや節電、停電時に効果

スマートハウスに使われる住宅用蓄電池は、電力のピークカットや節電を行う装置として機能します。電力の余裕がある夜間などに蓄電池に充電しておき、その電気を夏の午後や冬の朝などの電力消費がピークになる時に使うことで、ピークカットを行えます。また、太陽光発電で余った電気を充電し、夜間に使うことで節電にもなります。停電時の非常用電源としても機能します。

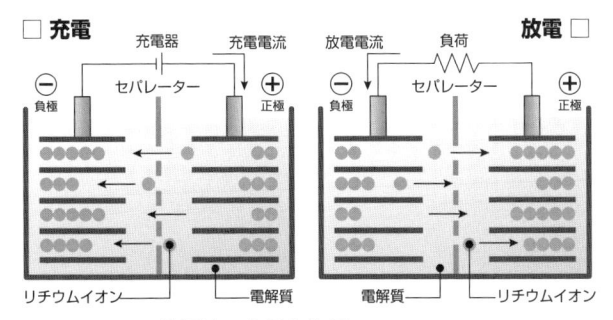

リチウムイオン蓄電池の充電と放電
電極間をリチウムイオンが移動することで充電と放電が行われる。

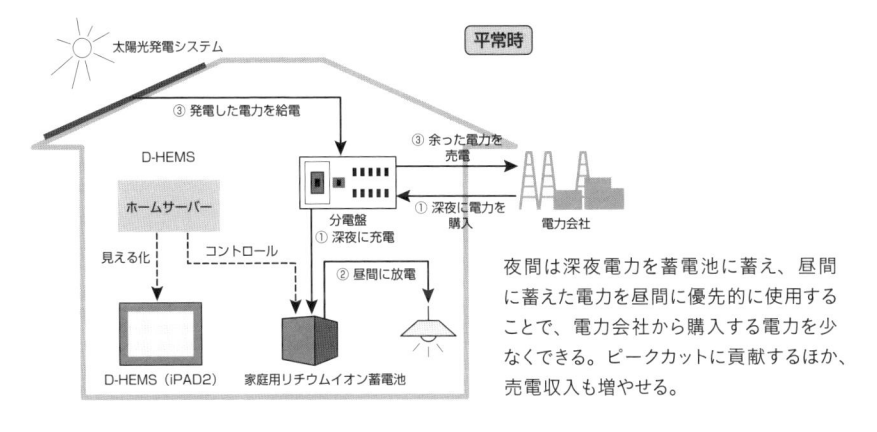

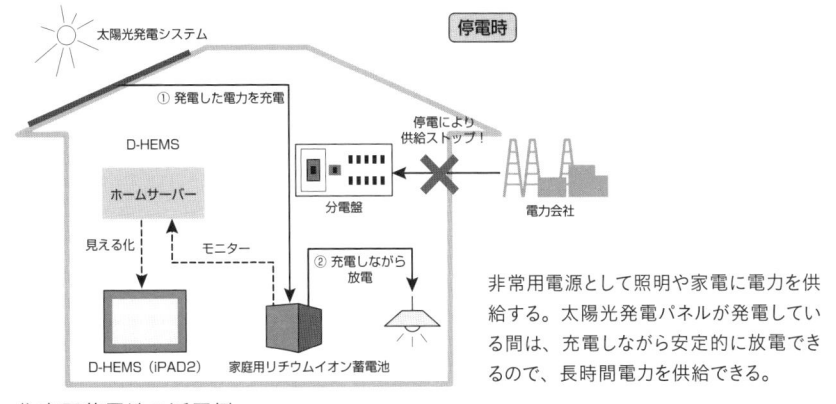

夜間は深夜電力を蓄電池に蓄え、昼間に蓄えた電力を昼間に優先的に使用することで、電力会社から購入する電力を少なくできる。ピークカットに貢献するほか、売電収入も増やせる。

非常用電源として照明や家電に電力を供給する。太陽光発電パネルが発電している間は、充電しながら安定的に放電できるので、長時間電力を供給できる。

住宅用蓄電池の活用例
（資料提供：大和ハウス工業）

6-2
住宅用蓄電池
停電時は非常用電源として活躍

住宅用蓄電池としては、一般的にリチウムイオン蓄電池が使われています。その特徴は小型で大容量の電気を蓄えられることです。蓄電容量は多くは1〜5 kWh程度ですが、最近は6〜12 kWhといったさらに蓄電容量の大きな製品も発売されています。

🔲 蓄電容量と出力

蓄電池の電気をためられる量を「蓄電容量」といい、「kWh」という単位で表します。また蓄電池が出せるパワーを「出力」といい、「kW」で表します。

蓄電容量はある出力の機器を使った時に、蓄電池にためた電気がなくなるまでの時間数をかけ合わせたものです。たとえば、蓄電容量が5 kWhの蓄電池の場合は、1 kWの機器なら5時間、0.5 kWの機器なら10時間使えることになります。

🔲 停電時の使用時間

住宅用蓄電池は停電時には非常用電源として使えます。使える時間は蓄電池の蓄電容量を使用する機器のワット数で割った時間となります。

たとえば、照明を100 W、冷蔵庫を160 W、テレビを150 W、パソコンを30 W、携帯電話の充電・その他を60 Wとすると合計500 W（0.5 kW）となります。この時、容量6 kWhの蓄電池なら非常用電源として使える時間は、6 kWh ÷ 0.5 kW = 12 h、つまり12時間使えることになります。

🔲 価格と寿命

住宅用蓄電池の価格は数十万円から200万円程度の製品が中心です。法定耐用年数は6年間ですが、寿命については「フル充放電を繰り返した場合6,000回以上のサイクル寿命」（東芝ライテックのエネグーン）、「毎日フルに充放電を繰り返しても約22年間は初期の70％以上の容量を維持できる」（シャープの定置型リチウムイオン蓄電池システム）などの例があります。

■ 電気自動車（EV／PHEV）も蓄電池に

EV（電気自動車）やPHEV（プラグインハイブリッド自動車）をスマートハウスの電気系統に接続することで、車載バッテリーを蓄電池として利用することができます。日産リーフの場合、蓄電容量は24 kWhです。

住宅用蓄電池の例
（資料提供：左から大和ハウス工業、東芝ライテック、日本電気）

メーカー名	商品名	蓄電容量	本体質量
フォーアールエナジー	家庭用リチウムイオン バッテリーシステム	12 kWh	約 250 kg
京セラ	太陽光発電連携型 リチウムイオン蓄電システム	7.2 kWh	200 kg
ニチコン	ホーム・パワー・ステーション	7.2 kWh	200 kg
東芝ライテック	エネグーン	6.6 kWh	173 kg
ソニー	ESSP-3005/18P	6.0 kWh	約 187 kg
日本電気	リチウムイオン蓄電池搭載 家庭用蓄電システム	5.53 kWh	約 173 kg
シャープ	定置型リチウムイオン蓄電池システム	4.8 kWh	約 160 kg
パナソニック	リチウムイオン蓄電池ユニット	4.65 kWh	約 60 kg
ナユタ	CUBOX	3.3 kWh	68 kg
エリーパワー	パワーイレ・プラス	2.5 kWh	約 65 kg
アイエムティ	エネジール	2.4 kWh	約 64 kg
因幡電機産業	G-LiFe セーブ	2.3 kWh	約 88 kg

住宅用蓄電池・蓄電システムの蓄電容量と本体質量の例

メーカー名	商品名	蓄電容量
日産自動車	リーフ	24 kWh
本田技研工業	FIT EV	20 kWh
三菱自動車工業	i-MiEV	16 kWh
トヨタ自動車	プリウス PHV	4.4 kWh

EV／PHEVの車載蓄電池容量の例

6-3 住宅用コージェネレーションシステム
同時発電と給湯で高効率

コージェネレーション（Cogeneration）とは、発電の際に出る排熱を回収し同時に温水を取り出すことで、総合エネルギー効率を高める発電システムです。住宅用としては都市ガスや灯油などを燃料とする燃料電池「エネファーム」や、都市ガスで小型ガスエンジンを動かして発電する「エコウィル」が代表的です。

■ 発電と給湯を同時に行うシステム

コージェネレーションとは、燃料を使って発電すると同時に、排熱を回収して温水をつくるシステムです。発電した電気は太陽光発電パネルでつくった電気と同じようにパワーコンディショナーで100 Vの交流に変換して商用電源と系統連系し、分電盤から各部屋に送られます。発電する時に発生した排熱によってお湯を沸かし、付属のタンクに蓄えて給湯や暖房などに使われます。

■ 燃料電池と小型ガスエンジン発電

住宅用コージェネレーションシステムには、燃料電池で発電する「エネファーム」と小型ガスエンジンで発電する「エコウィル」があります。エネファームは都市ガスや灯油から水素を取り出し、空気と化学反応させることによって発電します。一方、エコウィルは都市ガスで小型のガスエンジンを動かし、その動力を使って発電機を回すことで発電します。

■ 排熱利用で総合効率80％以上も

火力発電所では発電時の排熱を捨てており、送電時の損失もあるため燃料が持つエネルギーの40％程度しか利用できないのに対し、コージェネレーションシステムは、排熱を給湯などに利用することで総合効率が80％以上となります。

■ ダブル発電なら売電も可能

エネファーム、エコウィルとも単独では余剰電力を売電できませんが、太陽光

>> 第6章 蓄電池とコージェネレーション

発電とエネファームもしくはエコウィルを組み合わせた「ダブル発電」のシステムにした場合は、余剰電力を電力会社に売電できます。ただし、買取価格は太陽光発電だけの場合より少し低くなります。

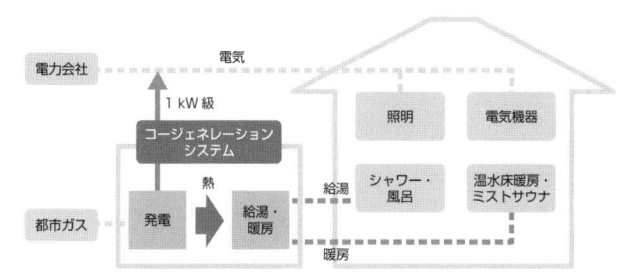

住宅用コージェネレーションシステムの概念図
都市ガスを燃料として発電し、排熱を回収して給湯や暖房を行う。

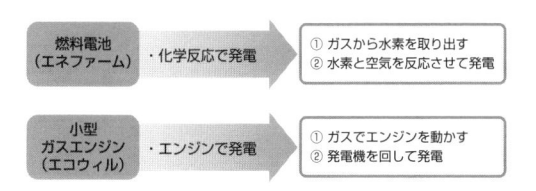

燃料電池（エネファーム）	・化学反応で発電	① ガスから水素を取り出す ② 水素と空気を反応させて発電
小型ガスエンジン（エコウィル）	・エンジンで発電	① ガスでエンジンを動かす ② 発電機を回して発電

エネファームとエコウィルの違い

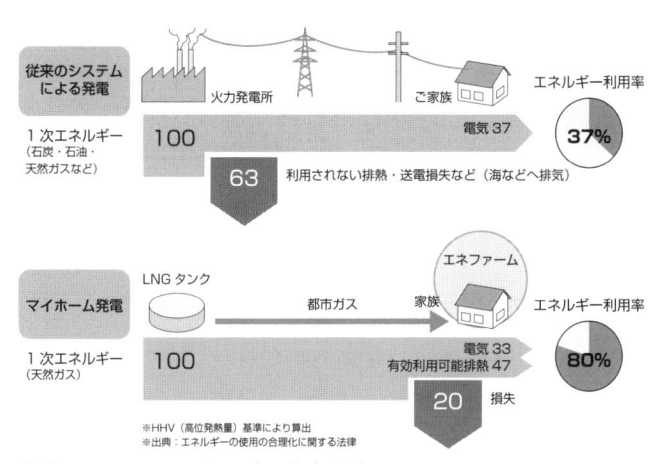

従来システムとのエネルギー効率比較
住宅用コージェネレーション（マイホーム発電）は火力発電所より発電効率は劣るが、送電損失が無く、排熱を有効利用できるためエネルギー利用率は2倍以上になる。

6-4 住宅用燃料電池「エネファーム」
水素と空気の化学反応で発電

燃料電池とは、都市ガスやプロパンガス、灯油などから水素を取り出し、空気中の酸素と化学反応を起こして発電する装置です。発電の際に発生する排熱を使ってお湯を沸かし、給湯や暖房に使うことでエネルギーを効率的に使えます。住宅用の燃料電池としては「エネファーム」が各社から発売されています。

◻ エネファームとは

エネファームとは都市ガスやLPガスなどを燃料とし、燃料電池によって電気とお湯を同時につくり出す住宅用コージェネレーションシステムをさす統一愛称です。メーカーとしてはパナソニック、東芝、ENEOS、長府製作所などがあります。

発電出力は750 W～1 kW程度、排熱出力は1～1.3 kW程度です。従来は停電時に運転できませんでしたが、最近は停電時も運転を継続できる自立運転機能付きの製品も発売されています。

◻ 燃料電池の特徴

水に電気を通して電気分解すると水素と酸素に分かれますが、燃料電池はその逆で水素と酸素を反応させることによって電気を取り出します。燃料が持っている化学エネルギーを直接、電気エネルギーに変換できるため、発電効率が高いのが特徴です。またエンジンなどの可動部がないので、低騒音・低振動です。

◻ エネファームの構造

エネファームは次の六つの装置で構成されています。① 燃料から水素ガスを取り出す「改質器（燃料処理装置）」、② 水素と酸素を反応させて直流電力を発生させる「固体高分子形燃料電池スタック（PEFC）」、③ 直流から交流に変換して系統連系を図る「インバーター（パワーコンディショナー）」、④ 改質器と燃料電池スタックの排熱でお湯を沸かす「熱回収装置」、⑤ お湯をためておく「貯湯槽」、⑥ 湯槽のお湯が足りないときにお湯を沸かす「バックアップ熱源機」です。

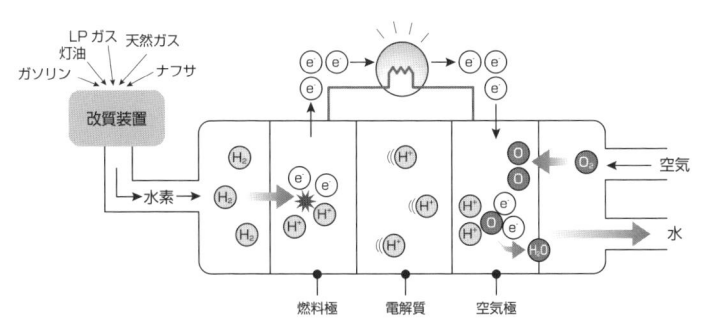

>> 第6章 蓄電池とコージェネレーション

燃料電池のしくみ
改質装置によって燃料から取り出した水素を、空気中の酸素と反応させることにより電気を取り出す。

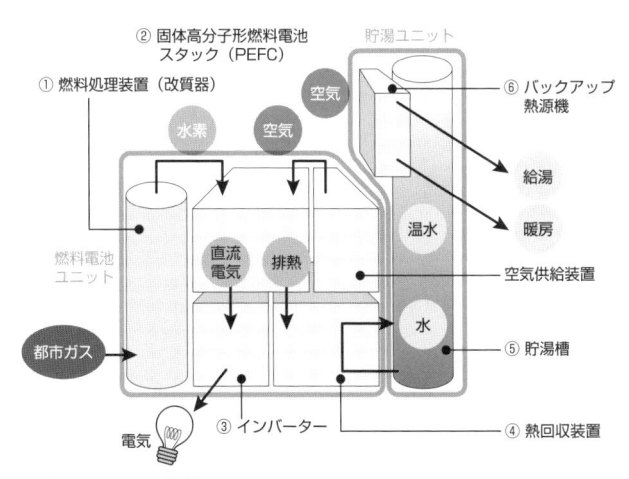

エネファームの構造

エネファームの製品例
発電出力は 200～750 W、総合効率は世界最高水準の 95%を実現。価格も 199 万 5,000 円（税込み、設置工事費別）と 200 万円を切った（資料提供：パナソニック）

6-5 エコウィル 小型ガスエンジンで発電と給湯

エコウィルとは、都市ガスやプロパンガスを燃料とする小型ガスエンジンで発電機を回して電気をつくり、同時に排熱を利用してお湯を沸かす住宅用コージェネレーションシステムの愛称です。住宅用燃料電池「エネファーム」と同等にエネルギー利用率が高く、価格はずっと安いのが特徴です。

小型ガスエンジンで発電と給湯

エコウィルは、都市ガスなどを燃料にして発電と給湯を行う住宅用コージェネレーションシステムの統一愛称です。小型のガスエンジンを運転し、その動力で発電機を回して電気をつくります。同時にガスエンジンのシリンダーまわりや排ガスの排熱を使ってお湯を沸かします。

エコウィルのメーカーとしては本田技研工業、長府製作所、高木産業などがあります。価格は約80万円と燃料電池の3分の1程度と低価格です。

系統連系が可能

発電能力は1 kW程度、排熱出力は2.5 kW程度です。発電した電気はパワーコンディショナー（インバーター）によって交流100 Vに変換し商用電源と系統連系し、分電盤から各部屋に送られます。

排熱利用で高効率

火力発電所は排熱の多くを捨ててしまいますが、エコウィルは給湯や暖房に使うので、燃料が持つエネルギーの85％以上を利用できます。

ダブル発電なら売電も可能

エコウィルだけでは余剰電力を売電できません。しかし、太陽光発電システムと併用した「ダブル発電」とすることで、余剰電力を売電できます。ただし、電力の買取価格は太陽光発電だけの場合に比べて少し安くなります。

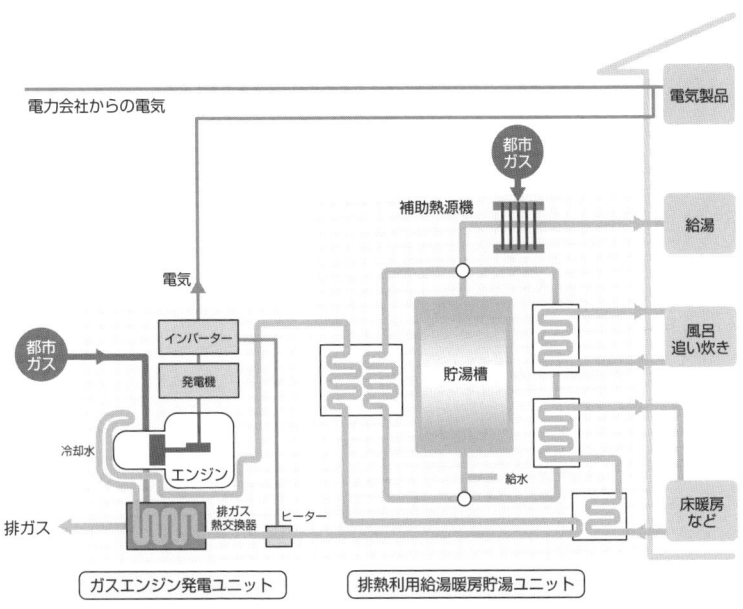

>> 第6章 蓄電池とコージェネレーション

エコウィルのしくみ

ガスエンジン発電ユニットの構造（資料提供：本田技研工業）

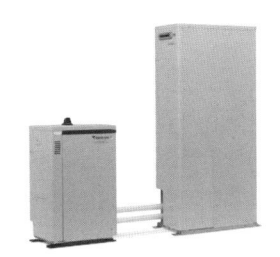

エコウィルの製品
ガスエンジン発電ユニット（左）と貯湯ユニット（右）（資料提供：東京ガス）

141

6-6

蓄電池に対する優遇策
定率3分の1、100万円までの補助

　個人がスマートハウスなどに蓄電システムを設置する場合、機器費の3分の1が補助されます。ただし、上限が100万円となっています。注意すべきことは機器を購入・設置する前に予約申請を行う必要があることです。現行補助金の応募期限は平成25年（2013年）12月末までです。

◻ 機器費だけが補助対象

　現行の補助金は、経済産業省の「平成23年度定置用リチウムイオン蓄電池導入促進対策事業費補助金」によるもので、補助対象となるのは個人の場合、蓄電システムの機器にかかる費用だけで、工事費は補助の対象外です。補助の条件は、① 蓄電容量が1.0 kWh以上あること、② 蓄電池部（リチウムイオン蓄電池）と電力変換装置（パワーコンディショナーなど）を両方備えていることです。対象機器は、一般社団法人 環境共創イニシアチブ（SII）のホームページ（http://www.sii.or.jp/lithium_ion/）に公開されています。

◻ 機器費用の補助

　個人が蓄電システムを設置する場合、補助金額は蓄電システム機器費の3分の1で、上限100万円となっています。なお法人の場合、10kWh未満の蓄電システム機器を設置する際の機器購入に対して上限1億円、10kWh以上の機器を設置する際の機器購入と工事費に対して上限1億円と設定されています。

◻ 機器の購入前と購入後に2回の申請が必要

　対象機器の購入・設置を行う前に、まずSIIに「予約申請」を行い、機器の購入・設置後にあらためて「交付申請」を行うという2回の申請が必要です。予約申請を行う際は、購入先を選定し、見積書を入手したうえでSIIに予約申請書を提出します。その後、SIIから予約決定通知書を受け取った後に、蓄電システムの契約や購入、設置を行い、補助金の交付申請を行います。

🔲 申請は平成 25 年 12 月 31 日までに

　予約申請の期限は平成25年12月31日ですが、補助金が予定額に達ししだい、終了します。予算額は210億円です。

応募期間	予約申請　平成 24 年 3 月 30 日〜平成 25 年 12 月 31 日（予定） 交付申請　平成 24 年 3 月 30 日〜平成 26 年 1 月 31 日（予定） ※申請の合計金額が予算に達した場合、補助事業期間内であっても終了する。
補助金額	蓄電システム機器費　定率 1／3（上限あり） ※個人が蓄電システムを設置する場合、機器費の 1／3　上限 100 万円
補助対象機器	SII が定める対象基準を満たしていることがあらかじめ認められ、補助対象として指定された蓄電システム ※補助対象機器の一覧については、SII のホームページを参照。
補助金交付の対象者（申請者）	個人（個人事業主含む）、法人 個人・法人に貸与するリース事業者、新電力（PPS 事業者）など ※いずれの補助対象者も必ず 6 年間（法定耐用年数）以上継続して使用すること。
申請条件	予約申請時に補助対象機器の購入・設置を行っていない方 ※機器の購入・設置は、SII より予約決定通知書を受け取った後に行うこと。

補助金制度の概要
※一般社団法人 環境共創イニシアチブ（SII）の資料を抜粋

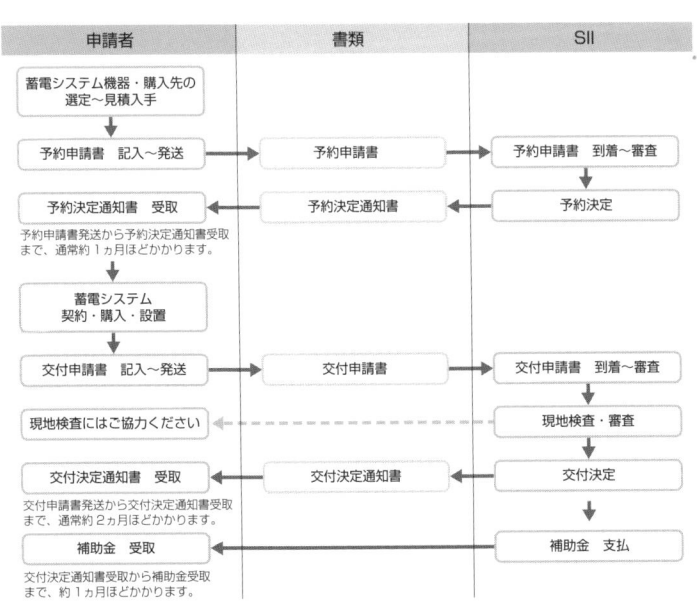

手続きの流れ
（資料提供：一般社団法人 環境共創イニシアチブ）

[column 06]

1,500 Vの架線に直結できる電車用蓄電池

　スマートハウスは太陽光発電システムで発電して余った電力を送電線に供給し、ほかの家などで使います。一方、電車はブレーキをかけるとき、モーターで発電した回生電力をパンタグラフから架線に戻し、その電力を別の電車が使うしくみになっています。

　しかし、ある電車がブレーキをかけた時、加速する電車がないと、ブレーキ発電の電力は有効に利用されません。そこで川崎重工業は架線に直結できる「BPS（Battery Power System）」という蓄電システムを開発しました。

　JRの直流電化区間の場合、架線には約1,500 Vの電圧がかかっています。そのため、大容量ニッケル水素電池「ギガセル」を43個直列につなぐことで、1,500 Vの高電圧に直接、蓄電池を接続できるようにしました。電車がブレーキをかけた時の回生電力をBPSに貯蔵し、ほかの電車が加速する時に使うことで電力の無駄を無くそうというのです。電車の架線に蓄電池を直結する方式は世界初とのことです。

公称電圧1,548 V、公称容量150 Ah、公称エネルギー容量232 kWhのもので蓄電池、電池監視装置盤、高速度遮断器などから構成されている（写真提供：川崎重工業）

第 7 章

EVとPHEV

　EV（電気自動車）やPHEV（プラグインハイブリッド車）に搭載されている走行用の蓄電池には、住宅用蓄電池と同じくリチウムイオン蓄電池が使われており、住宅用蓄電池をはるかに上回る大容量を持っています。つまり、スマートハウスにEVやPHEVを接続すれば、「蓄エネ装置」として活用できるようになるのです。

　しかも、住宅用蓄電池は6 kWhで約200万円と高額ですが、その4倍に相当する24 kWhもの大容量リチウムイオン蓄電池を搭載する日産リーフは300万円台で買えるので、蓄電池として割安です。

　さらに、PHEVにはエンジンが付いているので、蓄エネ装置だけではなく、停電時には自家発電による創エネ装置として使えるメリットもあります。

7-1 》 EV・PHEVとは
モーターと蓄電池を備えた自動車

電気自動車（EV）やプラグインハイブリッド車（PHEV）は、モーターと走行用の蓄電池を備えているので、EVやPHEVをスマートハウスに接続すると、走行用蓄電池が住宅用蓄電池として利用可能になります。このように、EVやPHEVとスマートハウスとの連携は「V2H（Vehicle to Home）」と呼ばれています。

◯ EVとは

EV（Electric Vehicle）とは、搭載した蓄電池の電気を使い、モーターだけで走るクルマです。その意味では、遊園地の遊具やゴルフ場のカートなども電気自動車の一種ですが、これらの機械には、出力や容量の割に重量の大きな鉛蓄電池が蓄電池として使われています。

それに対して、鉛蓄電池の代わりにリチウムイオン電池を搭載したEVやPHEVは、出力や容量を上げても車体がコンパクトに収まり、また短時間で充電ができるため、本格的な交通機関として利用可能になったのです。

なお、蓄電池の容量は三菱自動車の「i-MiEV（アイミーブ）」が16 kWh、ホンダの「フィットEV」が20 kWh、日産自動車の「リーフ」が24 kWhと、後述のPHEVよりも大きくなっています。

◯ PHEVとは

PHEV（Plug-in Hybrid Electric Vehicle）とは、コンセントからバッテリーに充電できるハイブリッド車のことです。蓄電池とモーターのほかエンジンも搭載しています。近距離は蓄電池に充電された電気で走り、電気がなくなるとエンジンを動かして走ります。エンジンの出力が余ったり、ブレーキをかけたりした時には発電機が作動し、蓄電池に充電し、エンジンとモーターを交互または同時に使って走ります。

蓄電池の容量はトヨタ自動車の「プリウスPHV」の場合、4.4 kWhで、通常のハイブリッド車「プリウス」の1.3 kWhの3倍です。三菱自動車の「アウトラ

ンダー PHEV」は 12 kWh です。

◻ プリウス PHV（トヨタ自動車）

蓄電池容量：4.4 kWh、メーカー希望小売価格（税別）：290〜402 万円
（資料提供：トヨタ自動車）

◻ i-MiEV（三菱自動車工業）

蓄電池容量：10.5 kWh または 16 kWh、メーカー希望小売価格（税別）：247〜361 万円
（資料提供：三菱自動車工業）

◻ 日産リーフ（日産自動車）

蓄電池容量：24 kWh、メーカー希望小売価格（税別）：312〜421 万円
（資料提供：日産自動車）

◻ アウトランダー PHEV（三菱自動車工業）

蓄電池容量：12 kWh、メーカー希望小売価格（税別）：316〜416 万円
（資料提供：三菱自動車工業）

◻ フィット EV（本田技研工業）

蓄電池容量：20 kWh、メーカー希望小売価格（税別）：380 万円
（資料提供：本田技研工業）

◻ デミオ EV（マツダ）

蓄電池容量：20 kWh、メーカー希望小売価格（税別）：340〜369 万円
（資料提供：マツダ）

7-2
EVとスマートハウスの連携
住宅用蓄電池に比べて大きな容量

EV（電気自動車）が搭載している走行用の蓄電池をスマートハウスと連携させることで、住宅用蓄電池の代わりに使うことができます。EVの蓄電池の容量は一般の住宅用蓄電池の数倍あり、価格も割安で自動車としても使えるので一石二鳥の効果があります。

◘ EVの大きな蓄電池を住宅用蓄電池として活用

住宅用蓄電池は容量6 kWhクラスのもので200万円近くします。一方、EV（電気自動車）の走行用蓄電池の容量は車種によって10〜24 kWhと、一般の住宅用蓄電池の数倍です。たとえば、日産リーフの価格は330万円程度ですので、蓄電池の容量だけを考えても割安です。

◘ EVとスマートハウスの連携方法

EVに充電器のケーブルを差し込み、パワーコンディショナーを介してスマートハウスの分電盤と接続します。パワーコンディショナーは、EVの直流を交流に変換するとともに電圧を商用電源と同じ100 Vに合わせる役割を担います。

スマートハウスとEVを接続した後は、EVの走行用蓄電池は住宅用蓄電池と同様に働きます。深夜電力を蓄えて昼間に使いピークカットを行うほか、停電時には太陽光発電パネルでつくった電気をためて非常用電源としても働きます。

◘ EVと連携するHEMS

日産自動車は「日産リーフ」の急速充電口と分電盤を直接接続できる「LEAF to HOME」を発売しています。まだHEMSとは連携していませんが、今後の連携をめざしています。また、デンソーはトヨタホームや三井ホームと共同でEVやPHEVと連携できるHEMSを開発しました。モニター画面からEVへの充電のオン／オフ制御のほか、走行用蓄電池の充電量の確認、家庭用の電源によるEVのエアコン稼働などの操作が行えます。

>> 第7章 EVとPHEV

日産リーフの蓄電池
24 kWhという大きな容量を持つ（資料提供：日産自動車）

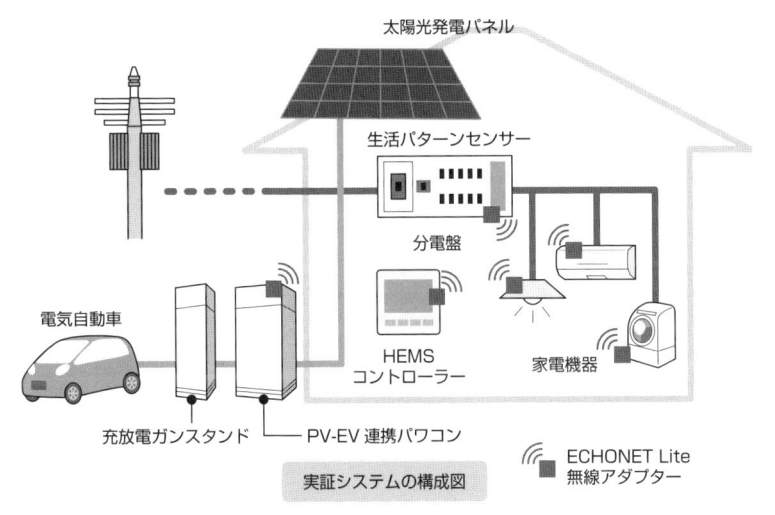

実証システムの構成図

太陽光発電パネル
生活パターンセンサー
分電盤
電気自動車
充放電ガンスタンド
PV-EV連携パワコン
HEMSコントローラー
家電機器
ECHONET Lite 無線アダプター

EV用パワーコンディショナーの例

EVの電気を分電盤に接続した例
「日産リーフ」の電気を住宅で使える「LEAF to HOME」（資料提供：日産自動車）

149

7-3 PHEVとスマートハウスの連携
停電時には発電機として機能

PHEVには、EVより少ないものの、一般の住宅用蓄電池よりも大容量の蓄電池を搭載しているので、住宅用蓄電池としても利用可能です。さらにエンジンも搭載しているので、停電時には発電機としても機能します。

◼ 停電時には発電機になるPHEV

PHEVにも走行用蓄電池が搭載されていますので、EVと同様にスマートハウスと接続することにより、走行用蓄電池を住宅用蓄電池として活用できます。

PHEVの場合、走行用蓄電池容量は、4.4（プリウスPHV）〜 12 kWh（アウトランダー PHEV）と、EVに比べて小さめですが、それでも住宅用蓄電池としては大きめな容量を持っています。

しかも、エンジンを搭載しているので、停電時には発電機として機能する強みがあります。たとえば、12 kWhの蓄電池を搭載した三菱自動車のアウトランダー PHEVの場合、蓄電池が満充電状態の場合には、一般家庭が消費する1日分の電力を供給できます。さらに燃料タンクのガソリンを使って発電することにより、1.5 kWの電力を10日間連続で供給できるのです。

◼ PHEVとスマートハウスの接続

PHEVとスマートハウスの接続はEVと同様に、PHEVの充電器からパワーコンディショナーを経てスマートハウスの分電盤に接続します。PHEVの走行用蓄電池を住宅用蓄電池の代わりに使うことで、ピークカットなどが可能になります。

◼ PHEVをスマートハウスから制御

デンソーはトヨタホームや三井ホームと共同でEVやPHEVと連携できるHEMSを開発しました。このHEMSを使えば、モニター画面からPHEVへの充電のオン／オフ制御や蓄電池の充電量の確認、家庭用の電源によるPHEVのエア

>> 第7章 EVとPHEV

コン稼働などが可能です。

PHEVとスマートハウスの接続
（資料提供：Kameno's Digital Photo Log）

系統電力から給電（通常時）

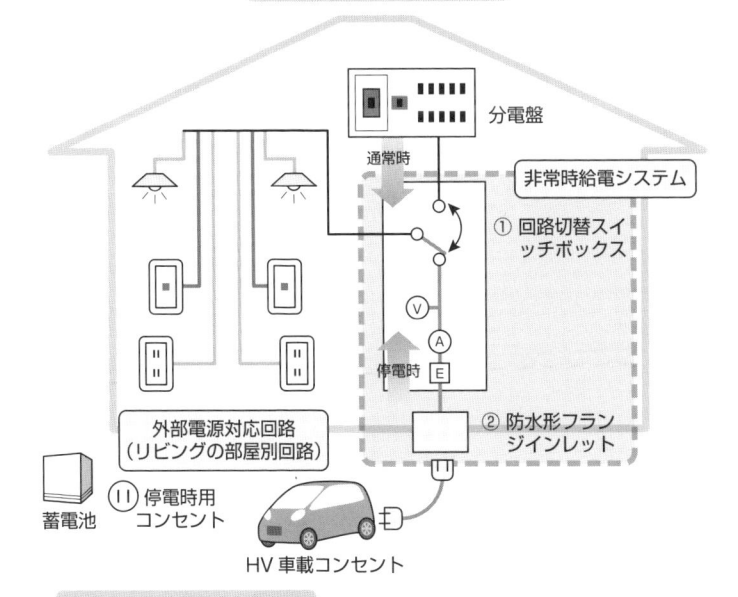

分電盤
通常時
非常時給電システム
① 回路切替スイッチボックス
停電時
② 防水形フランジインレット
外部電源対応回路
（リビングの部屋別回路）
蓄電池
⑪ 停電時用コンセント
HV車載コンセント

外部電源から給電（停電時）

停電時にはPHEVが非常用発電機になる
（資料提供：トヨタホーム）

151

7-4 充電方式のいろいろ
ケーブルレス充電も実用化へ

EVやPHEVへの充電は通常、車両と住宅用コンセントを充電ケーブルでつなぐ「普通充電」によって行います。一方、「急速充電」用の急速充電器は大きな電力が必要なため、住宅には設置できないといわれてきましたが、近年、電力契約を引き上げなくても使える住宅用急速充電器も開発されつつあります。

◻ EV、PHEVは住宅用コンセントで充電

EVやPHEVの充電は、100 Vまたは200 Vの住宅用コンセントに、充電ケーブルをつないで行います。満充電までの時間は、100 Vコンセント使用時の三菱自動車「i-MiEV」で約14時間、200 Vコンセント使用時の日産リーフで約8時間となり、一般に200 Vのコンセントを使うと100 Vコンセントの半分くらいの時間ですみます。

◻ 住宅用急速充電器も登場

業務用の急速充電器を使えば、日産リーフの場合、約30分で80%の充電が可能です。ただ、急速充電器は約50 kWという大きな電力が必要なため、住宅に設置するには電力契約を変更する必要があり、現状、ほとんどの家庭では難しくなっています。

こうした問題を解決するため、デンソーは、2012年7月にHEMSと連動して急速充電が可能な「EV用相互電力供給システム」を開発しました。この装置では、別に設置した住宅用蓄電池に少しずつためておいた電気を一度にEVに送るため、電力契約を変更しなくても急速充電が可能であり、15分の充電で約20 km走行可能な電力を充電できます。

◻ ケーブルレス充電技術も実用化へ

EVやPHEVに充電するには、充電ケーブルをクルマに接続する必要がありますが、毎日、ケーブルを付けたり外したりするのは面倒です。そこでケーブルを

使わずに電気をクルマに送って充電できる「非接触充電システム」の開発が自動車メーカーや電機メーカーなどで行われています。
　このシステムでは、地上に1次コイル、クルマに2次コイルを取り付けて、コイルの電磁誘導によって電力を送ります。

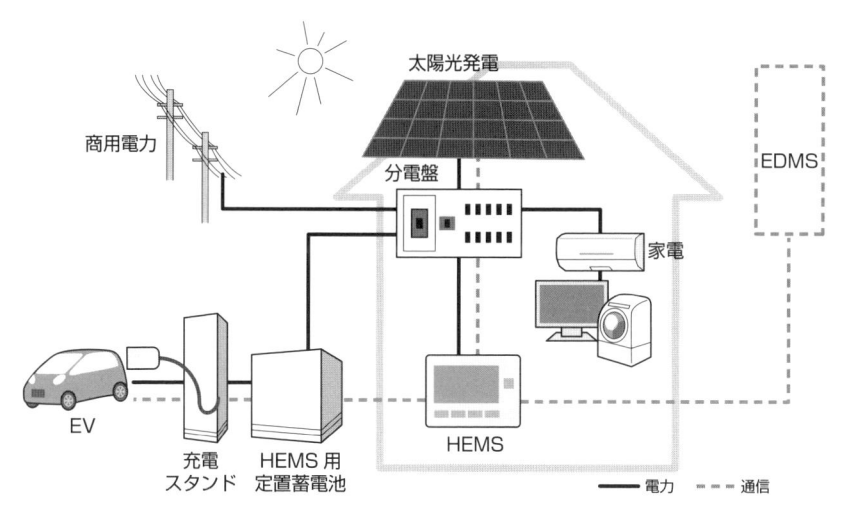

HEMSと連携して急速充電が可能な充電器
HEMSと連携して住宅用蓄電池にためた電気によって急速充電できるので、電力契約の変更は不要
（資料提供：デンソー）

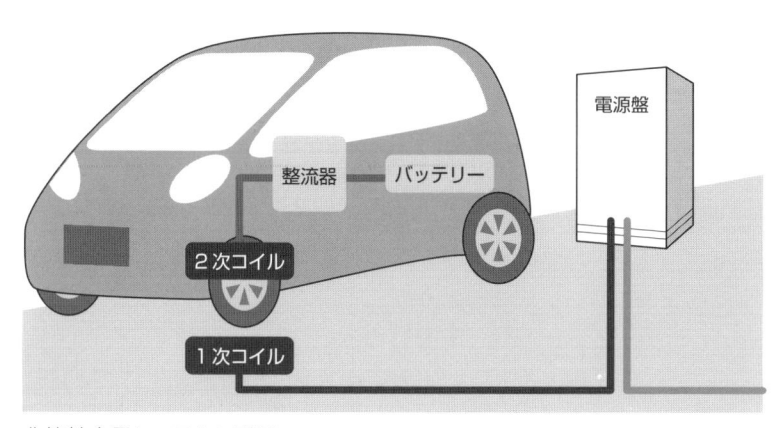

非接触充電システムの原理

7-5
EV・PHEVに対する優遇策
1台に対して最大100万円の補助

スマートハウスの蓄電池としても機能するEVやPHEVなどの車両や充電器を購入・設置する場合には「クリーンエネルギー自動車等導入促進対策費補助金」という補助金が利用できます。この制度を使うと、通常車両との価格差の半額補助を受けられます。

◻ クリーンエネルギー自動車等導入費促進対策補助金

「クリーンエネルギー自動車等導入促進対策費補助金」とは、EVやPHEVなどの普及促進を図るためにつくられた制度です。平成24年度は一般社団法人 次世代自動車振興センターが窓口となって補助金の交付を行いました。

◻ 補助の対象車両と金額

平成24年度の車両の補助対象は、EVやPHEVのほか、クリーンディーゼル自動車などです。補助対象車両ごとに、同クラスの通常車両価格に相当する「基礎額」と補助金交付の上限額が決まっています。補助金の額は「(実売価格 − 基礎額)×1／2（補助率）」または上限額のどちらか低いほうです。

充電設備は、急速充電器や普通充電器の購入が対象となります。充電器ごとに上限額が決められており、補助金の額は「実売価格×1／2」または上限額のどちらか低いほうです。

補助対象となる車両や充電器の機種や上限額、基礎額などは次世代自動車振興センターのWebサイト（http://www.cev-pc.or.jp/）に掲載されています。

◻ 平成25年度は300億円に

クリーンエネルギー自動車等導入促進対策費補助金の予算額は、平成24年度には292億円だったものが、平成25年度には300億円と増額されました。経済産業省は「省エネ・CO_2排出削減に高い効果を持ち、世界的な市場の拡大が期待される電気自動車等の次世代自動車について、世界に先駆けて普及を促進し国内市

場の確立を図るため、車両の購入に対する補助を行う」としています。

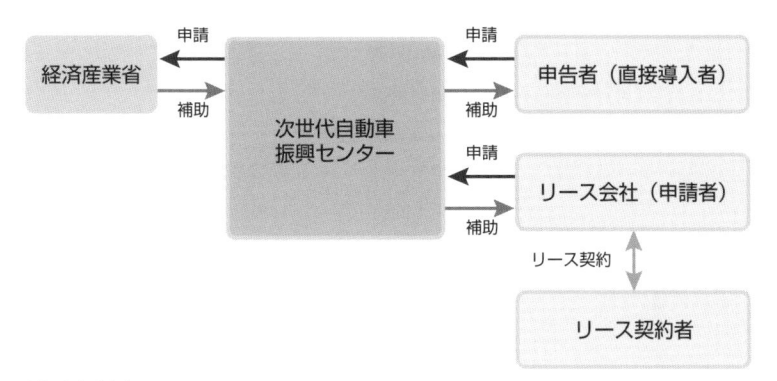

補助金制度のしくみ
(資料提供：一般社団法人 次世代自動車振興センター)

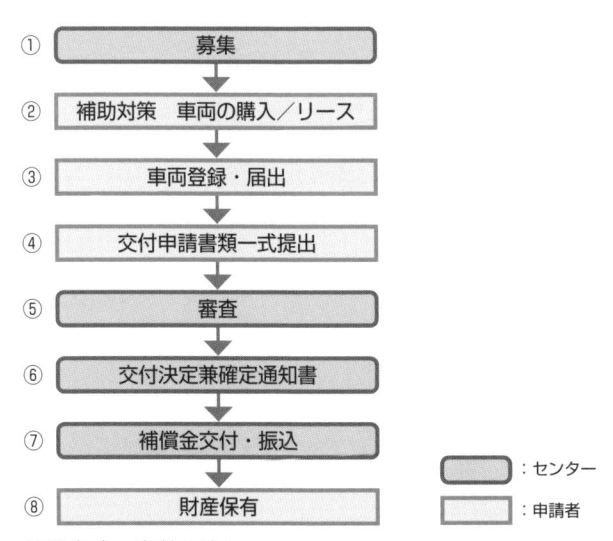

① 募集
② 補助対策　車両の購入／リース
③ 車両登録・届出
④ 交付申請書類一式提出
⑤ 審査
⑥ 交付決定兼確定通知書
⑦ 補償金交付・振込
⑧ 財産保有

■：センター
□：申請者

補助申請・交付の流れ
(資料提供：一般社団法人 次世代自動車振興センター)

[column 07]

バッテリーにも2度目のお務めを！
EVの蓄電池をマンションに

　災害や停電時のマンションの非常用電源として、蓄電地を導入する事例を紹介しましょう。三井不動産レジデンシャルは東京・江東区に建設する「パークタワー東雲」（RC造、地上43階建、585戸）に、分譲用マンションとしては初めて定置用蓄電池（定格容量約96 kWh）を導入することにしています。

　マンションの蓄電池には、当初、新品が使われますが、更新時期には、EVである日産リーフの車載蓄電池4台分をリサイクルして利用します。これは、EV用としては寿命が尽きた蓄電池も、マンション用であればまだ十分に利用可能だからです。廃品の蓄電池は低価格で入手可能なので、マンションの住民にとってもメリットがあります。

　マンションで2度目のお務めを果たした蓄電池は、その後、初めて加工を伴うリサイクルに回されることになります。これは自動車業界にとっても、マンション業界にとってもメリットがありそうですね。

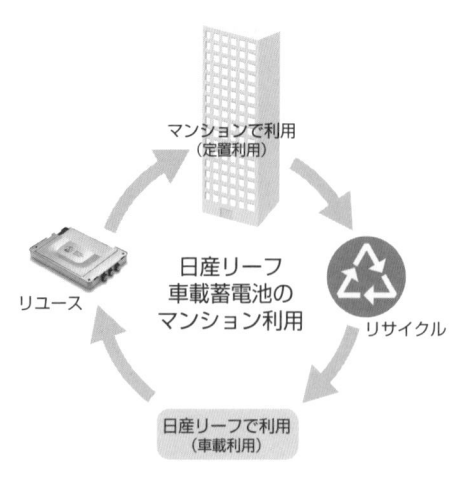

日産リーフ車載蓄電池のリユースイメージ

パークタワー東雲の完成予想図
（資料提供：三井不動産レジデンシャル）

第 **8** 章

省エネ家電・設備

　空調や照明、給湯をなるべく少ない電力やガスで行う上で必要になるのが省エネ家電・設備です。
　スマートハウスの給湯器として定番の「エコキュート」は空気の熱を集めて利用する「ヒートポンプ」を熱源として利用するため消費電力の数倍ものお湯を沸かせます。LED照明は電力を光に変える効率が高いため、白熱電球や蛍光灯に比べて少ない電力で同じ明るさが得られます。
　また、全熱交換器は換気の際の排気と給気の熱と湿度を交換することにより、換気によって失われるエネルギーを減らし、空調効率を上げます。
　このほか、自然換気を自動化できる自動ブラインドや電動窓・電動シャッターなども省エネに役立っています。

8-1 ≫
省エネ家電と省エネ設備
我慢せずに可能な快適な生活

省エネ家電や省エネ設備を導入することで、あまり我慢することなく、省エネ対策しつつも快適な生活を送れます。高効率の家電を利用する、自然エネルギーを活用する、排気のエネルギーを回収して再利用する、などの方法で、家電や照明、空調・給湯機器といった住宅設備に必要となるエネルギー使用量を減らします。

■ 高効率な家電や機器

住宅用のエアコンや高効率給湯器「エコキュート」などは、ヒートポンプを使って外気の熱を利用することで、一般的な機器と比較して消費電力当たり数倍の熱量を冷暖房や給湯に活用できます。

なお、消費電力1 kWh当たりの冷却能力（kWh）や暖房能力（kWh）を成績係数「COP（Coefficient Of Performance）」といいます。たとえば、電気ヒーターは消費電力がそのまま熱に変わるだけなのでCOPは1で、1 kWh当たり857 kcalの熱しか取り出せませんが、COPが5のエアコンは消費電力1 kWh当たり857 kcal×5=4,285 kcalもの熱を取り出せるので省エネに貢献します。

■ 太陽光や太陽熱で負荷を削減

太陽光を部屋の奥まで取り入れて自然照明として活用する、冬季は太陽熱をためておいて夜間の暖房に使う、夏季は夜間の涼しい風を自動的に取り入れて自然冷房に使うといった方法を使えば、省エネ効果があります。自然照明には自動ブラインドや光ダクト、光ファイバーを使った太陽光採光システムなどがあり、太陽熱をためる設備としては蓄熱スラブがあります。また、夜間の涼しい空気を利用した自然冷房設備として自動窓開閉装置や自動シャッターなどがあります。

■ 捨てていたエネルギーを回収

換気を行う時に、排気によって捨てていた熱エネルギーの一部を吸気側に伝えて再利用するための設備が全熱交換器です。外気を一から暖めたり冷やしたりす

る必要がないので、空調負荷を減らすことができます。

統一省エネラベル、省エネラベル

　一般財団法人 省エネルギーセンターは、販売店などで家電製品の省エネ性能を表す「統一省エネラベル」をつくっています。星印による5段階評価の省エネ達成率、エネルギー消費効率、目標年度、年間の電気代の目安が表示されます。

　また、日本工業規格（JIS）の省エネラベリング制度もあります。業界で最高の省エネ性能を持つ製品を「トップランナー基準」とし、それに対する達成率を表す「省エネラベル」による性能表示を16製品に対して行っています。

高効率な機器	・ヒートポンプ（エアコン、エコキュート、冷蔵庫、洗濯機など） ・ふく射式冷暖房（天井、壁、床） ・LED照明、有機EL照明、IH調理器
負荷の低減	・照明（自動ブラインド、光ダクト、太陽光集光装置） ・空調（蓄熱スラブ、自動シャッター）
エネルギーの回収	・換気（全熱交換器） ・浴槽の残り湯（エコキュート）

省エネ家電、省エネ設備のタイプと例

ラベリング表示と統一省エネラベルの表示例
（資料提供：内閣府大臣官房政府広報室）

8-2

エコキュート
空気の熱でお湯を沸かす省エネ給湯器

エコキュートとはヒートポンプを備え、空気の熱を使ってお湯を沸かす給湯器の愛称です。消費電力に対して3〜5倍に相当するお湯を沸かせるので、非常に効率的です。料金の安い夜間電力で沸かしたお湯を付属のタンクにためておき、利用します。断水時には非常用水としても活用できるメリットがあります。

◻ 空気の熱でお湯を沸かす高効率な給湯器

エコキュートの正式名称は「自然冷媒ヒートポンプ給湯器」といい、エアコンと同じく、ヒートポンプにより空気の熱を使ってお湯を沸かす給湯器の愛称です。成績係数（COP）が3〜5程度と高く、1年間を通じた平均機器効率も約300％（消費電力1に対し約3倍の熱をつくる）です。住宅用のエコキュートは、十数社から発売されています。

◻ ヒートポンプの熱媒に CO_2 を使用

ヒートポンプは「熱媒」と呼ばれる物質が装置の中で気体から液体へと変わる時の凝縮熱を利用して65〜90℃のお湯を沸かしますが、エコキュートではこの熱媒として CO_2 を使っています。

ヒートポンプの圧縮機で熱媒を圧縮すると高温・高圧になります。この熱を水に伝えてお湯を沸かすと同時に熱媒は冷却されて液体になります。その後、室外機で熱媒を膨張させると冬の外気よりも低い温度になり、圧縮機を動かすのに使う電力の数倍の熱を空気から集めることができます。この熱が最終的にお湯を沸かすのに使われるのです。

◻ エコキュートのメリット

エコキュートは熱効率がよいので給湯の省エネ化に役立ち、従来の燃焼式給湯器に比べて給湯にかかる光熱費を下げられます。また、沸かしたお湯をためておく300〜550Lのタンクが付いているため、断水時にはタンクの水を非常用水と

して使えます。

お風呂の残り湯の排熱を利用するタイプ

　エコキュートには入浴後に浴槽の残り湯の熱を回収してお湯を沸かすために使うタイプもあり、排熱をリサイクルすることにより、さらに省エネに貢献します。

エコキュートの例
左がヒートポンプ、右が貯湯タンク（資料提供：サンデン）

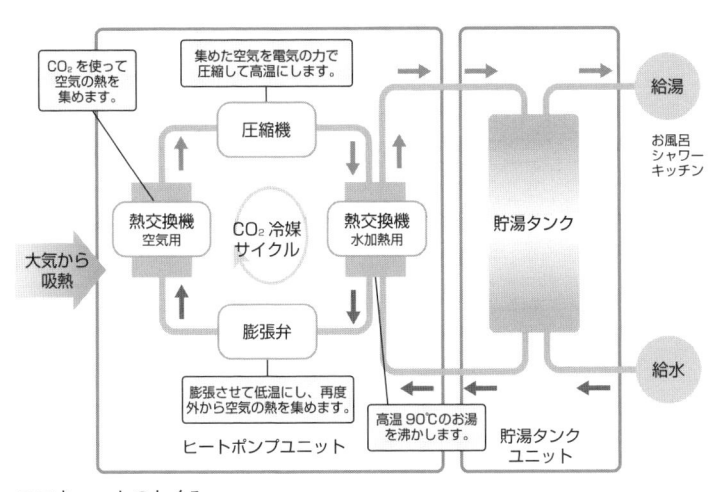

エコキュートのしくみ

8-3 》
LED照明と有機EL照明
さらに向上を続ける発光効率

電流を流すと光を発するLED（発光ダイオード）を使った照明器具は、発光効率が高く、同じ明るさを得るための消費電力は、従来の白熱電球に比べてずっと少なくなります。また、有機エレクトロルミネッセンス（有機EL）も発光効率が最近、急激に高まっており、高効率な照明器具としての活用が期待されています。

◻ LEDとは

LEDは、半導体の中でp型の領域とn型の領域が接している部分に電流を流すことにより発光する性質を持つ半導体素子です。この発光部分をLEDチップと呼びます。

LEDには、LEDチップのまわりをエポキシ樹脂で固めた「砲弾型」や、樹脂などのくぼみに反射板とLEDチップを封入した「表面実装型」、多数のLEDチップを基板に直接取り付けた「チップオンボード」などの種類があります。

◻ LED照明の特徴

LED照明器具は同じ明るさの白熱電球に比べて消費電力が10分の1しかないので省エネに大きな効果を発揮します。また、寿命が約4万時間もあり、電球の約3,000時間、蛍光灯の約1万時間に比べて非常に長いため、取り替えの手間がかかりません。

点灯した直後にすぐ明るく光り、スイッチのオン／オフが多い洗面所やトイレなどでも寿命が縮みません。明るさを調節することも可能です。発光部分にフィラメントを使っていないので振動や衝撃に強いというメリットもあります。

◻ LED照明器具の種類

LEDは「点光源」として光り、一つのLEDチップの発光量は小さいので多数のLEDを線状に並べたり、面的に配置したりして電球型や蛍光灯型などの照明器具をつくります。ソケットが、従来の白熱電球や蛍光灯と同様の寸法や形でつ

くられているものは、そのまま付け替えて使うことができます。

🔲 有機 EL とは

　発光層が有機化合物からなる LED のことで、面で発光するのが特徴です。これまでは発光効率がよくないなどの問題があり、あまり普及していませんでした。しかし、最近、急激に発光効率が改善され、2015 年ごろには蛍光灯や LED 照明に並ぶ見込みで、照明機器としての導入が進みつつあります。

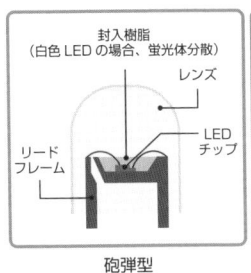

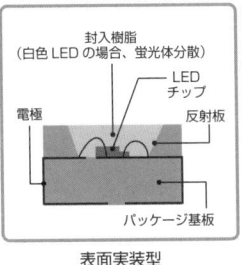

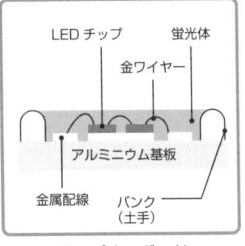

LED のいろいろ
左から砲弾型 LED、表面実装型 LED、チップオンボード（資料提供：東芝ライテック）

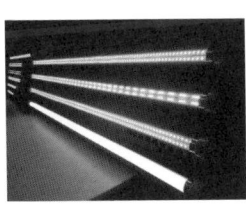

LED 照明機器の例
LED 電球（左）と直管型 LED（右）（資料提供　左：東芝ライテック、右：エクセル）

有機 EL 照明機器の例
有機 EL 照明モジュール（資料提供：パナソニック）

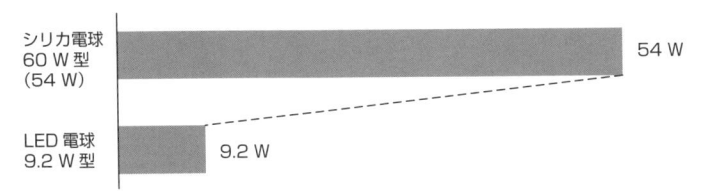

エコキュートのしくみ
シリカ電球と LED 電球の消費電力比較（資料提供：パナソニック）

8-4 全熱交換器
換気で捨てるエネルギーをリサイクル

全熱交換器は、屋外の空気を室内に取り入れる時に、排気する室内の空気と温度と湿度を交換することでエネルギーをリサイクルする省エネ装置です。冬は屋外の冷たく乾いた空気に暖かさと湿度を与え、夏は屋外の暑く湿った空気を冷やし、湿度を減らして室内に取り入れることで、空調エネルギーを節約できます。

全熱交換器の機能

全熱交換器は、換気の時に屋外に排出される排気と、屋外から取り入れられる給気の熱と湿度を交換する省エネ装置です。

夏は暑く湿った外気の温度、湿度を下げて室内に取り入れ、逆に冬は冷たく乾燥した外気の温度、湿度を上げて室内に取り入れることで、空調エネルギーを節約します。

全熱交換器のしくみ

全熱交換器は、大きく分けて静止型と回転型があります。

静止型は、給気と排気が通る通路が互いに積み重ねられたサンドイッチ構造になっており、給気と排気の間は伝熱性と透湿性をもつ平面シートで仕切られています。平面シートを経由して熱と湿度がそれぞれ高いほうから低いほうへと伝わります。給気と排気の流れの方向によって、直交流型と向流型があります。

回転型は、給気と排気の通路をまたぐように毎分十数回回転するハニカムローターのエレメントを介して熱と湿度を交換します。エレメントには吸湿性があり、給気または排気の中を通過する時に温度・湿度を高いほうから受け取ります。回転してエレメントが反対側に移動した時、温度・湿度を受け渡します。

顕熱と潜熱を両方リサイクル

「全熱交換器」の全熱とは顕熱と潜熱のことを意味します。顕熱は温度そのもののエネルギーで、潜熱は液体の水が気体の水蒸気になる時の蒸発熱のエネルギ

ーです。同じ温度でも湿度が高い空気のほうがエネルギーを多く持っているので、冬は空気の温度だけを外気に伝えるのに比べて、湿度も一緒に伝えたほうが排気のエネルギーを多く回収できることになります。夏はその逆です。

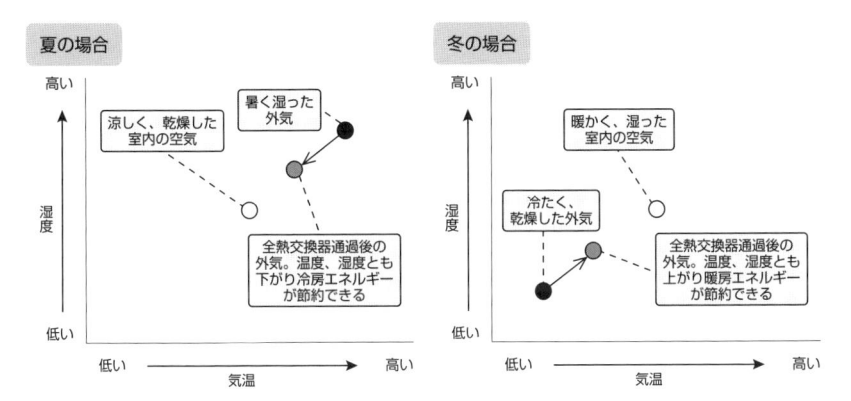

全熱交換器の機能
夏は暑く湿った外気の温度、湿度を下げ、冬は冷たく乾燥した外気の温度、湿度を上げて室内に取り入れることができる。その結果、空調エネルギーを節約できる。

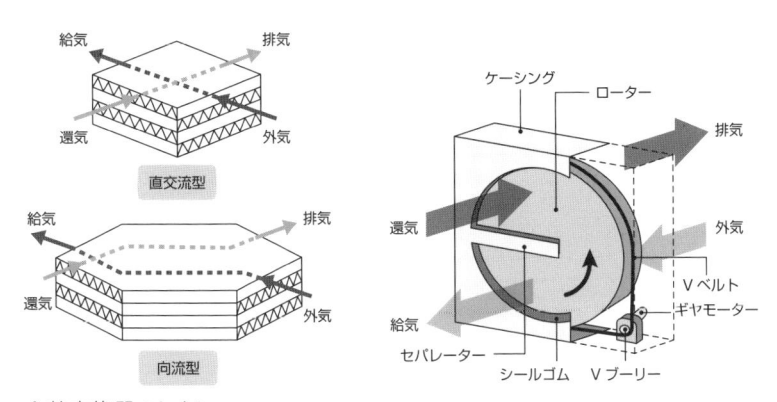

全熱交換器のしくみ
静止型全熱交換器（左）と回転型全熱交換器（右）の構造

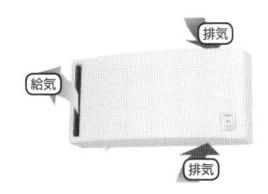

住宅用全熱交換器の例
（資料提供：三菱電機）

8-5
ふく射式空調システム
壁や天井の温度で快適空調

ふく射式空調システムとは、部屋の空気ではなく、天井や壁、床などを冷やしたり暖めたりすることでふく射（輻射）熱を使って冷暖房を行うものです。ふく射式冷暖房を導入すると室内の空気温度が同じでも、体感温度が夏は下がり、冬は上がるので空調エネルギーを全体的に減らすことができます。

■ エアコンとふく射式冷暖房の違い

熱の伝わり方には固体などの内部をじわじわと熱が伝わる「伝熱」、気体や液体の移動によって熱が伝わる「対流」、そして電磁波の形で熱が伝わる「放射（ふく射）」の3種類があります。

エアコンは室内に暖かい空気や冷たい空気による対流を利用しているのに対し、ふく射式空調システムは天井や壁、床などからのふく射を利用しています。

■ 人体の温熱感の4要素

人体の温熱感は、① 空気の温度、② 湿度、③ 風速、④ 周囲の表面温度の4要素によって決まります。

ふく射による熱は、絶対温度の4乗の差に比例して、温度が高いほうから低いほうに伝わります。夏は人体よりも周囲の表面温度が低ければ、ふく射熱が人体から周囲に向かって伝わるので涼しく感じ、冬はその逆で周囲の表面温度が高ければ周囲から人体へふく射熱が伝わるので暖かく感じるというわけです。

人体から出る熱の伝わり方はふく射が約2分の1、対流が約3分の1、蒸発が約5分の1となっており、ふく射の割合が最も高くなっています。ふく射式空調システムは空気自体を暖めたり冷やしたりするよりも、少ないエネルギーで人体の温熱感を満足させることができるのです。

■ ふく射式空調システムの具体例

天井や壁、床下など、室内に設置したふく射パネルの中に冷温水管を設置し、

>> 第8章 省エネ家電・設備

その中に冷水や温水を流す方法などがあります。

冬 温水を渡し天井を31℃に温める
熱放射量が少なくなる

夏 冷水を渡し天井を18℃に冷やす
熱放射量が多くなる

ふく射による暖房の例
冬は天井のふく射パネルに温水を流して天井面を約31℃に温めると、人間体表面（約32℃）からの熱放射量が少なくなり、暖かさを感じることができる（資料提供：トヨックス）

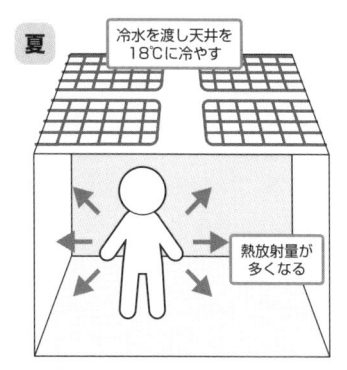

ふく射による冷房の例
夏はふく射パネルに冷水を流して約18℃に冷やされた天井が、人間の身体から発する熱や高温となった室内壁の熱を吸収することによって涼しさを感じさせる（資料提供：トヨックス）

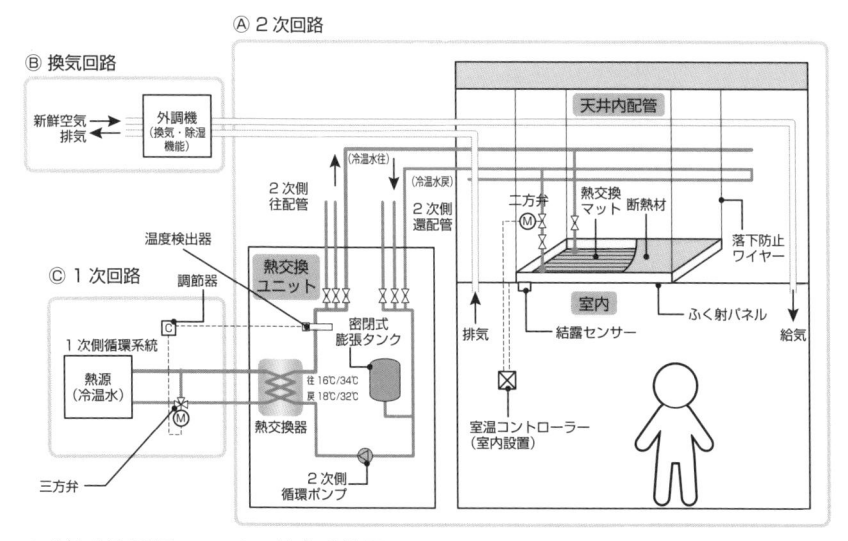

ふく射式冷暖房システムの基本系統図
（資料提供：トヨックス）

8-6

蓄熱空調
コンクリートに熱をためて活用

住宅における蓄熱空調とは温熱や冷熱をコンクリート版(スラブ)や土間などに蓄えておき、後で空調に使うものです。たとえば、冬の日中には屋根裏の暖かい空気でコンクリート版を温めて夜間の暖房に使ったり、夏は夜間に屋根裏の冷たい空気でコンクリート版を冷やしておき、昼間の冷房に使ったりします。

◻ 熱の「蓄エネ」装置

蓄熱空調とは、熱容量の大きなコンクリート版や土間などに温熱や冷熱を蓄えておき、必要な時にその熱を利用する空調です。時間帯で異なる熱の需要と供給を調整するので、一種の「蓄エネ」装置ともいえます。

◻ 住宅用の蓄熱装置

住宅用の蓄熱装置としては、床下にコンクリート版や土間などを設置し、昼間の暖かい空気や夜間の冷たい空気を温熱や冷熱で蓄えておき、逆の時間帯に引き出して利用するものがあります。

たとえば、冬の昼間は屋根裏で温められた空気をファンで床下に送り、床下のコンクリート版を温めておき、夜間にその熱を暖房に使うことができます。また、夏の夜間は放射冷却で冷えた屋根裏の空気でコンクリート版を冷やしておき、昼間の冷房の補助にすることも可能です。

また、地盤との間に断熱を施したコンクリート版などを設置し、その中に電熱線ヒーターを通して夜間電力で温めておき、暖房に生かすタイプもあります。

◻ パラフィン系潜熱蓄熱材

住宅用蓄熱材として、パラフィン系潜熱蓄熱材というものもあります。凝固点を20℃付近に設定できるようにした液体をパックに詰めたもので、液体と固体で相変化を起こす際の潜熱を蓄熱に利用します。床下に設置して冬の昼間、太陽熱を蓄えて夜間に利用するなどの使い方が可能です。

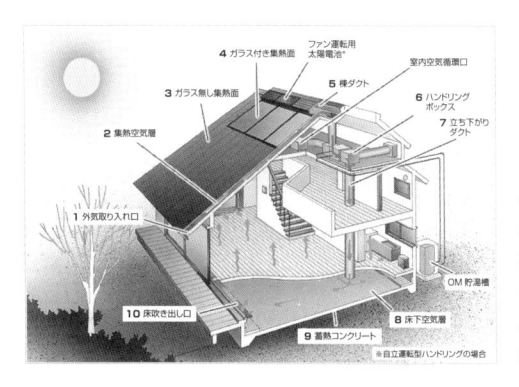

冬の昼間
冬の昼間は太陽熱で温められた屋根裏の空気を床下に送り、蓄熱コンクリートに熱を蓄える。蓄えた熱は、夕方以降ゆっくりと放熱して建物全体を床から温める

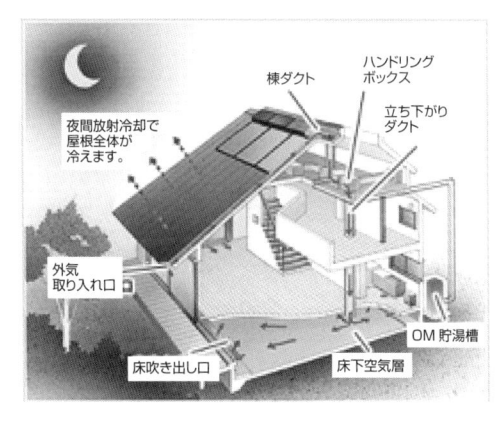

夏の夜間
夏の晴れた日の夜は、放射冷却によって冷えた屋根裏の空気を室内に取り込んで床下の蓄熱コンクリートを冷やしておく

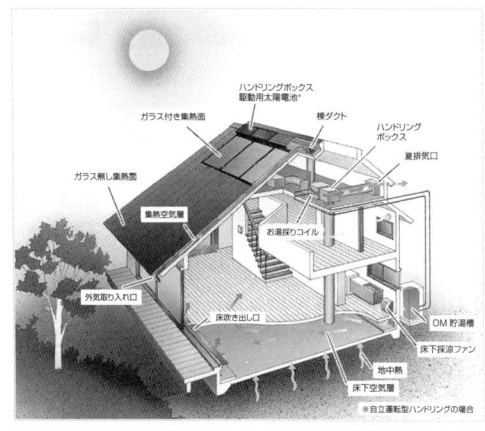

夏の昼間
夏の昼間は、蓄熱コンクリートに蓄えた冷熱と地中熱を空調に利用する。屋根裏で熱せられた空気は屋外に排出する

住宅用蓄熱コンクリートの例
（資料提供：OMソーラー）

8-7 自動ブラインド
太陽の位置に応じて開度を自動調整

自動ブラインドとは、時間によって変化する太陽の位置や高さに応じて、羽根の角度の調整や開け閉めを自動的に行ってくれる電動ブラインドです。冬は太陽光を室内に差し込ませて暖房として使ったり、夏は太陽光を遮って空調負荷を減らしたりできます。夏の夜に通風用の小窓を開いて外気冷房できる製品もあります。

■ 最適制御を自動化するブラインド

自動ブラインドとは、時々刻々と変化する太陽の位置、気温などによって羽根の角度を変えたり、開閉したりといった動作を自動的に行ってくれる電動ブラインドです。

日中に太陽光を自然照明として使うのはもちろん、冬は太陽光をできるだけ室内に差し込ませて暖房として使い、夏は空調の電力を節約するためにできるだけ太陽光が室内に差し込まないようにする、といった制御が可能です。

通風機能が付いたタイプは、通風なしの場合に比べて、冷房時間を短くできるので、さらに省エネ効果が上がります。

■ 室温による自動制御

製品によっては室温センサーを内蔵したものがあり、空調がいらない春や秋の中間季には、設定した室温によって日差しを遮ったり、取り込んだりして室内気温をきめ細かく調整することもできます。

■ HEMSとの連携

現在の自動ブラインドは、専用のコントローラーで太陽の位置を計算したり、気温を感知したりして制御する製品が多く、HEMSと連携するタイプの製品はほとんどないようです。しかし、HEMSの標準規格「ECHONET Lite」の対象機器には電動ブラインドも含まれているので、将来はエアコンや各種センサーなどとHEMSを通じて統合制御できる製品も増えてくると予想されます。

>> 第8章 省エネ家電・設備

「防犯ブラインドシャッター」
マイコンを内蔵し、ブラインドの角度を自動的に調整する。夏の夜間は上部3枚のブラインドが開き外気を取れ入れられる（資料提供：アイシン精機）

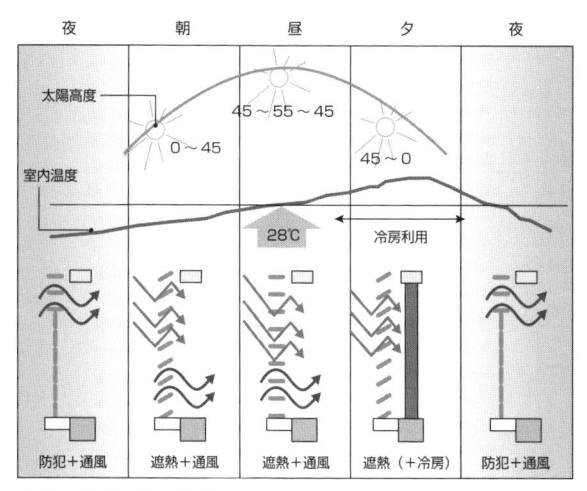

自動ブラインドの動き
時刻によって羽根の角度や開閉状態が変わる（資料提供：アイシン精機）

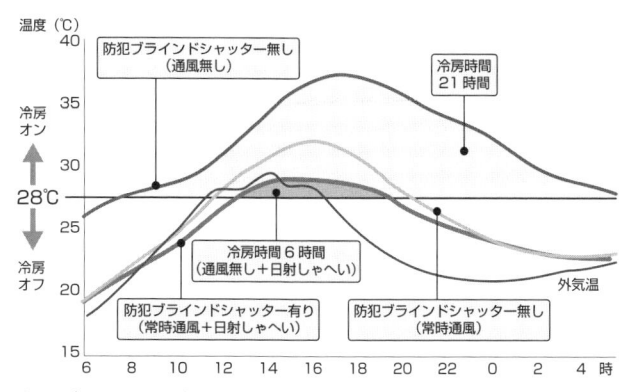

自動ブラインドの省エネ効果
時刻による通風の有無を使い分けることによって冷房時間はかなり短くできる（資料提供：アイシン精機）

8-8
電動窓・電動シャッター開閉操作を自動化

電動窓・電動シャッターとはモーターの力によって開閉する窓やシャッターのことです。手の届かないところにある窓をスイッチで開け閉めしたり、雨センサーや換気扇などと連動させて自動制御します。今後、HEMSとの連携が進めばさらに省エネ、防犯の効果が高まりそうです。

■ リモコンで窓を遠隔操作

電動窓、電動シャッターは、モーターによって開閉する機構をもっています。スイッチやコントローラーのほか、無線式のリモコンで操作できるものもあります。高い場所や要介護者の部屋の窓に使うと手軽に自然換気を行えます。

■ センサーや換気扇とも連動

雨や温度、湿度などのセンサーや換気扇などほかの機器と連動させた自動制御も可能です。たとえば、洗濯物の乾燥室の窓を雨が降ってきた時に自動的に閉め、同時に換気扇のスイッチをオンにするといった制御です。

■ 後付けも可能

既存の窓やシャッターに後付けして電動化する装置が発売されています。たとえば、アルミサッシ窓を電動化する場合は、「クレセント」という締め金具を外して、電動開閉を行う装置を取り付ける製品があり、雨、風、温度、振動のセンサーと連動したり、施錠したりすることができます。シャッターの場合は、扉を巻き取る軸を電動式の軸に変えることで、電動化を行う製品などが市販されています。

■ HEMSとの連携はこれから

これまでの電動窓、電動シャッターは、HEMSとは独立して操作するものがほとんどでした。今後、HEMSとの連携が進めば、住宅全体の窓やシャッターの開

>> 第8章 省エネ家電・設備

閉を1ヵ所で確認・操作したり、空調機器と自然換気を自動的に使い分けて省エネ効果を見える化したりなど、さらに便利な活用ができるようになりそうです。

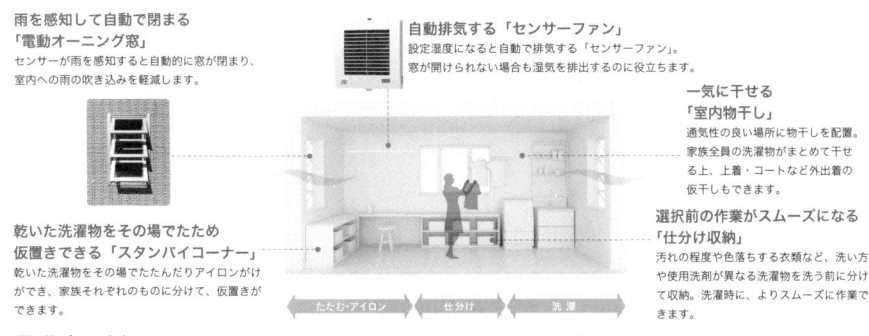

雨を感知して自動で閉まる
「電動オーニング窓」
センサーが雨を感知すると自動的に窓が閉まり、室内への雨の吹き込みを軽減します。

自動排気する「センサーファン」
設定湿度になると自動で排気する「センサーファン」。窓が開けられない場合も湿気を排出するのに役立ちます。

一気に干せる
「室内物干し」
通気性の良い場所に物干しを配置。家族全員の洗濯物がまとめて干せる上、上着・コートなど外出着の仮干しもできます。

乾いた洗濯物をその場でたため仮置きできる「スタンバイコーナー」
乾いた洗濯物をその場でたたんだりアイロンがけができ、家族それぞれのものに分けて、仮置きができます。

選択前の作業がスムーズになる
「仕分け収納」
汚れの程度や色落ちする衣類など、洗い方や使用洗剤が異なる洗濯物を洗う前に分けて収納。洗濯時に、よりスムーズに作業できます。

電動窓の例。電動オーニング窓とファンを自動制御することで室内干しを快適に行える「家事楽ドライピット」(資料提供:パナホーム)

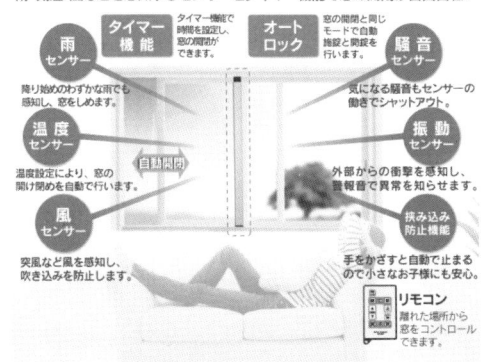

雨・気温・風などを感知するセンサーとタイマー機能で窓の開閉が自由自在!

タイマー機能
タイマー機能で時間を指定して、窓の開閉ができます。

オートロック
窓の開閉と同じモードで自動施錠と開錠を行います。

雨センサー
降り始めのわずかな雨でも感知し、窓をしめます。

騒音センサー
気になる騒音もセンサーの働きでシャットアウト。

温度センサー
温度設定により、窓の開け閉めを自動で行います。

振動センサー
外部からの衝撃を感知し、警報音で異常を知らせます。

風センサー
突風など風を感知し、吹き込みを防止します。

挟み込み防止機能
手をかざすと自動で止まるので小さなお子様にも安心。

リモコン
離れた場所から窓をコントロールできます。

後付けで電動窓に改造した例。各種センサーとの連動やタイマーによる自動開閉、施錠などが行える「オートクローザー」(資料提供:ハマダ工商)

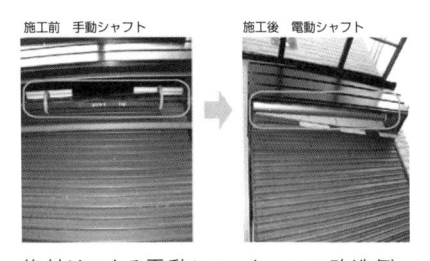

施工前 手動シャフト → 施工後 電動シャフト

後付けによる電動シャッターへの改造例。手動シャッターの巻き取り軸を電動シャフトに変えて電動化する「ソムフィキット」。リモコンやタイマーで開閉操作を行える(資料提供:ソムフィ)

8-9 ヒートポンプ家電
エアコン、冷蔵庫から洗濯乾燥機まで

空気から温熱や冷熱を取り出す「ヒートポンプ」を使った家電製品は、消費電力の数倍もの熱エネルギーを利用することで、省エネ効果を上げています。代表的な製品にはエアコンや冷蔵庫があり、製品の改良により年々、省エネ性能が上がっています。また、ヒートポンプを利用した洗濯乾燥機も市販されています。

◻ 年間エネルギー消費効率が7倍を超えたエアコン

ヒートポンプで屋外の空気の熱をくみ上げて、空調に使うエアコンの省エネ化は急速に進んでいます。APFはエアコンの年間冷暖房能力を消費電力量で割ったもので、数値が大きいほど省エネ性能が高いことを意味しますが、2012年の夏に市販されていたエアコンの通年エネルギー消費効率（APF）は5～7程度であり、中には7を超える製品もありました。

◻ 10年で65%も省エネ化が進んだ冷蔵庫

ヒートポンプを利用した代表的な家電である電気冷蔵庫もまた、2001～2011年の10年間で年間消費電力量が約65％も下がり、省エネ化が進んでいます。2012年の夏時点で、容積401～450Lの最も省エネ性能が高い機種では、年間の電気料金の目安が4,180円となっています。

◻ ヒートポンプ式洗濯乾燥機

ヒートポンプ式洗濯乾燥機は、ヒートポンプの温熱を乾燥用の温風、冷熱を除湿に使うことで、効率よく衣類を乾燥します。また、従来のヒーター式乾燥機のように、除湿のために水道水を使うこともありません。

◻ HEMSとの連携

東芝はHEMSと連携できるエアコンを2012年に初めて発売し、2013年度にはHEMS連携機能を備えた冷蔵庫や洗濯機の発売も計画しています。そのほか、

第8章 省エネ家電・設備

各社ともに「スマート家電」とHEMSの連携に対する取り組みを始めています。

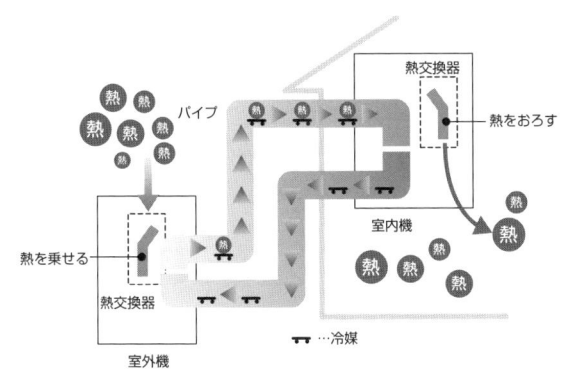

エアコンのしくみ（暖房時）

エアコンの省エネ性能の推移
（出典：一般社団法人 日本冷凍空調工業会）

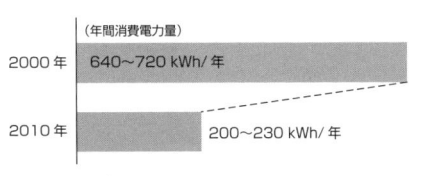

2001年製　期間合計 990 kWh
2011年製　期間合計 845 kWh
（年間消費電力量）

冷蔵庫の省エネ性能の推移（401〜450Lの例）
（出典：一般社団法人 日本電機工業会）

2000年　640〜720 kWh/年
2010年　200〜230 kWh/年
（年間消費電力量）

このデータは特定の冷蔵庫の消費電力量を示したものではなく、定格内容積 401〜450L の冷蔵庫の年間消費電力量を測定した目安であり、幅をもたせて表示しています。

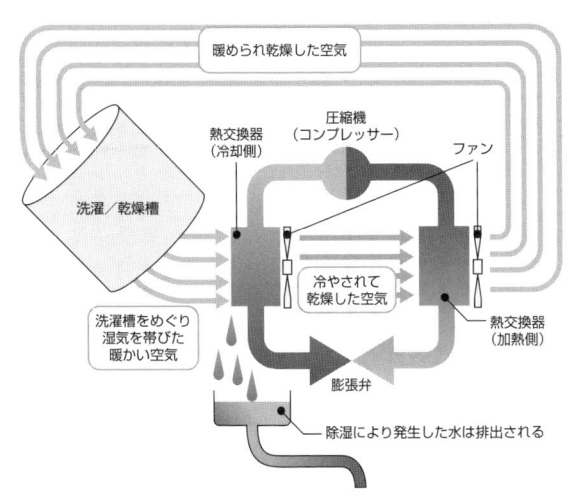

ヒートポンプ式洗濯乾燥機のしくみ

8-10 >> 断熱サッシ
Low-Eガラスと樹脂枠で断熱性向上

　断熱サッシとは、複層のLow-Eガラスや内部に樹脂層など熱伝導の低い材料を用いた断熱性が高いサッシのことです。住宅の床、壁、屋根の断熱化が進み、換気装置にも全熱交換器などが採用されて熱損失が小さくなってきたのに伴い、これまで断熱性の改善が進んでいなかった開口部の省エネ性向上に注目が集まっています。

◻ 熱損失が最も多い窓

　1999年に適用された「次世代省エネルギー基準」では、1980年代の「旧省エネルギー基準」に比べて屋根や外壁、床、換気による熱損失量が減った結果、窓からの熱の出入りが最も大きな割合になりました。

　そこで従来よりも断熱性や気密性が高いサッシが求められるようになり、一般に熱貫流率が3.5 W/m^2・K以下のものを「断熱サッシ」を呼んでいます。

◻ 材料によって3種類

　断熱サッシはフレーム（窓枠）の材料によって、大きく分けてアルミ製、樹脂製、木製の3種類があります。

　従来のアルミサッシは、フレームが熱を伝えやすいアルミだけでできていたため、部屋の内外を「ヒートブリッジ」という熱の通り道ができていました。そこで、断熱サッシではアルミフレームを内枠と外枠に分け、その間に熱を伝えにくい樹脂製の断熱材をはさむことによってヒートブリッジを遮断しています。さらに、内側の結露を防ぐために内枠を樹脂製にした製品も増えています。

◻ Low-E複層ガラスを採用

　面積の大きなガラス面を通じての熱損失を少なくするために、断熱サッシでは2枚以上のガラスを使って断熱性を高めています。ガラスにはさまれた「中空層」によって断熱効果を高めるほか、Low-Eガラスにより室内に入ろうとする熱や逃げようとする熱を反射することにより、放射による熱損失を防いでいます。

>> 第8章 省エネ家電・設備

夏の冷房時（昼）家全体の熱損失量 5,665 W
屋根 13.4%
32.7℃
27℃
換気 6.8%
外壁 7.8%
窓から入る熱の割合は **69.3%**（3,926 W）損失
床 2.8%

冬の暖房時家全体の熱損失量 6,864 W
屋根 6.5%
−1.2℃
18℃
換気 16.7%
外壁 17.5%
窓から逃げる熱の割合は **51.0%**（3,501 W）損失
床 8.3%

次世代省エネルギー基準（1999年〜）の熱損失量の割合

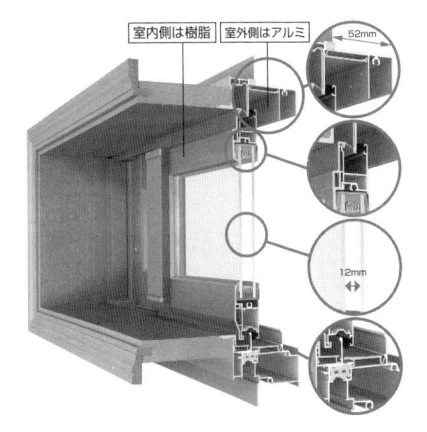

室内側は樹脂　室外側はアルミ　52mm　12mm

断熱サッシの例。フレームの外側はアルミ、内側は樹脂製になっている。外枠にも樹脂層を入れてヒートブリッジを遮断している（資料提供：LIXIL［トステム］）

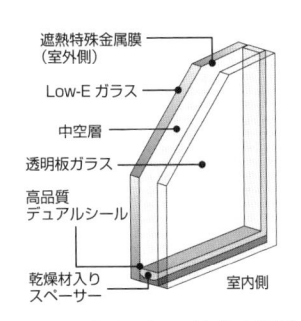

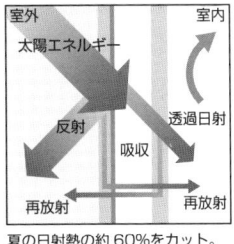

遮熱特殊金属膜（室外側）
Low-E ガラス
中空層
透明板ガラス
高品質デュアルシール
乾燥材入りスペーサー
室内側

室外／室内　太陽エネルギー　反射　吸収　透過日射　再放射　再放射
夏の日射熱の約60%をカット。1枚ガラスの約5倍の遮熱性能

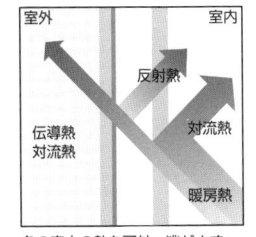

室外／室内　反射熱　伝導熱 対流熱　対流熱　暖房熱
冬の室内の熱を戸外へ逃がさず、快適な温熱環境を維持する

Low-E 複層ガラス遮熱高断熱タイプ　　　　　　　　　　（資料提供：住友林業）

8-11
光ダクトと太陽光採光システム
自然光を奥の部屋でも利用

光ダクトや太陽光採光システムは、自然光を住宅内に導き、自然照明として利用するための設備です。光ダクトとは天窓に差し込む自然光を部屋に送り込むために内部がピカピカに磨かれた丸形や角形の鋼製ダクトです。太陽光採光システムは数十枚のレンズで太陽光を受け、光ファイバーで各部屋に送ります。

◻ 光ダクトとは

光ダクトは反射率が非常に高い銀鏡めっき鋼板などを使ってつくられ、自然光を内部で反射させながら各部屋に導く設備です。採光には天窓を使い、照明機器としては面状やスリット状のものが一般的です。

光ダクトを使うことで日当たりの悪い玄関や廊下、トイレ、北側の部屋、地下室などでも、太陽光による自然照明が行えます。部屋が暑くならないように、太陽光に含まれる紫外線や熱はほとんどカットできるタイプもあります。ジューテックの「どこでも光窓」の場合、40W型白熱電球換算で夏は5.7個程度、年間平均で1.3個程度の明るさを出します。

◻ 光ダクトのメリット

規格化されたダクトの場合は、ボルトで接続できるため、大工さんが簡単に取り付けることができます。光ファイバーなどを使った太陽光採光システムに比べて安価で、メンテナンスも必要ありません。

◻ 太陽光採光システムとは

太陽光採光システムとは、屋根に設置した十数〜数十枚のレンズ付き集光機で太陽光を集め、光ファイバーを使って各部屋に送るシステムです。レンズは太陽の方向をつねに向くようにモーターで制御されるので、配線工事や数W程度の電力が必要です。有害な紫外線や熱エネルギーを持つ赤外線は集光機のドームやレンズで大幅にカットされ、可視光線だけが採光されます。

光ダクトに比べて長い距離でも光を送れる半面、曇りの時は採光が難しく、価格も高いという面もあります。

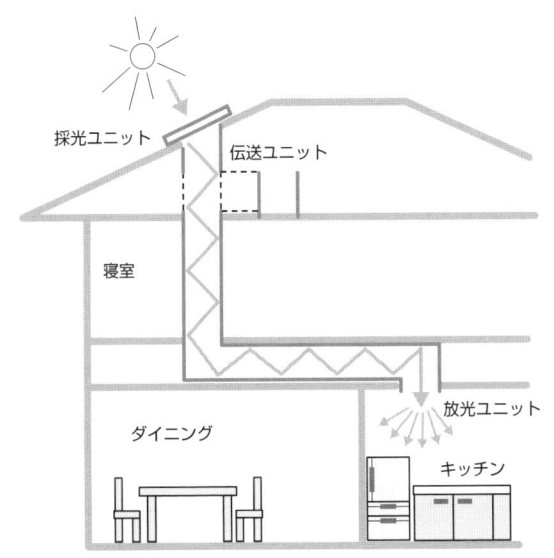

光ダクトのしくみ
光ダクトシステム「どこでも光窓」（資料提供：ジューテック）

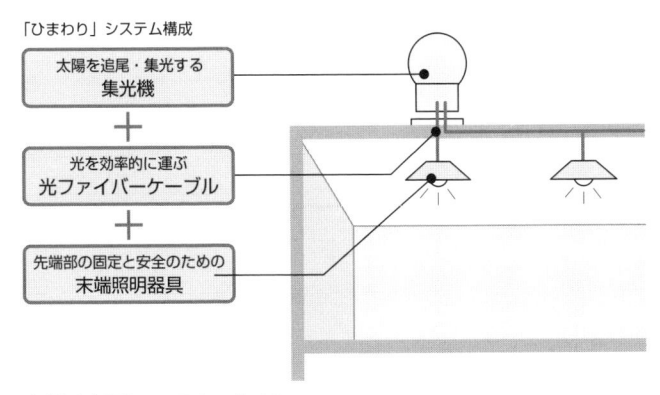

太陽光採光システムのしくみ
太陽光採光システム「ひまわり」の例。集光機、光ファイバーケーブル、末端照明器具からなる（資料提供：ラフォーレエンジニアリング）

[column 08]

自然光を間接照明に変えるブラインド

　ニチベイは省エネルギーブラインド「グラデーションブラインド」を開発しました。「スラット」と呼ばれる羽根の角度を上と下で少しずつ変えることで、自然光を部屋の天井に向けて反射し、室内を明るくします。その結果、照明用電力を平均34％も削減できるのです。
　スラットの取り付け角度が上のほうは水平に近く、下のほうはほとんど垂直になっています。部屋に入射した光を天井に向けて反射し、天井からの間接照明によって室内全体を照らすことができるのです。
　グラデーションブラインドには、電動型も用意されており、ブラインド昇降やスラット角度を自動制御することもできます。

グラデーションブラインド　　　　　一般ブラインド

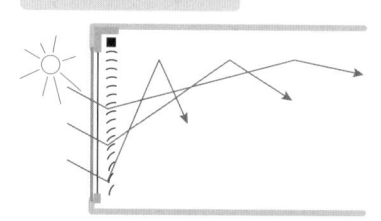

上部スラット：天井への反射で自然光を室内の奥へ
下部スラット：天井への反射で自然光を室内の手前へ

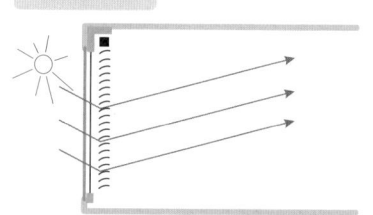

スラットの角度が一定なので、自然光は室内に均一に反射するが、窓面がまぶしくなり、モニターなどに光が映り込むことがある。

自然光を天井に反射させるグラデーションブラインド（左）と一般のブラインド（右）

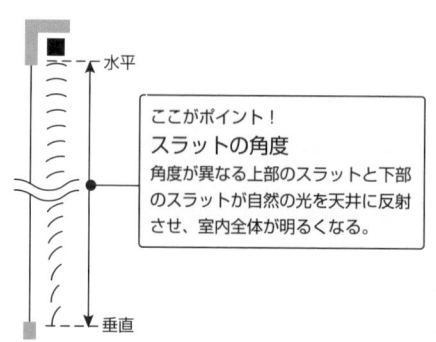

水平

ここがポイント！
スラットの角度
角度が異なる上部のスラットと下部のスラットが自然の光を天井に反射させ、室内全体が明るくなる。

垂直

位置によってスラットの角度が違うのがポイント

第 9 章

スマートハウス建設の手順

　建築、設備、IT（情報技術）の技術が連携したスマートハウスは、設計、施工から完成後の維持管理まで、ふつうの住宅とは異なる手順や業務が必要となります。しかし、資格としては特別なものはなく、インターネットに接続したり、有線／無線LANを設定したりできる程度の知識があれば大丈夫です。

　そのため、最近は中小の工務店が自前でHEMSやパワーコンディショナー、電力センサーなどを使って独自のスマートハウスを設計・施工する例も増えてきました。

　この章では、一般の建築士や工務店がスマートハウスを設計、施工し、維持管理を行うまでの作業や必要な知識、資材の入手方法など、そして施工や維持管理での問題点について説明します。

9-1 >> 設計から施工、維持管理まで 配電計画や補助金の検討は早めに

スマートハウスを建設する手順は、まず目的の明確化と住宅・機器の計画から始まります。施主の負担を軽くするため、利用できそうな補助金についての申請条件や手順などの調査も必要です。分電盤の種類の決定や配電計画の検討は、消費電力の見える化を効果的に行うためにも早めに行います。

■ 目的にあった設備と補助金を検討

スマートハウスの建設を成功に導くためには、まず、スマートハウスを建設する目的を明確にすることから始まります。エネルギーの見える化や節電、売電によるコストパフォーマンス、ネットゼロエネルギー住宅の実現、災害時の電源確保、外部からの家電や設備機器の制御など、スマートハウスでめざす目的によって、備えるべき省エネ性能、創エネ・蓄エネ機器の種類や出力、容量などが違ってくるからです。

同時に利用できそうな補助金の種類や申請方法、手順なども調査し、手続きの不備がないように準備しておきます。

そして、建設に必要なコストと完成後の売買電による収入とランニングコストを検討し、資金計画を立てます。

■ バランスのとれた住宅設計と配電計画

次はスマートハウスの本体となる住宅の設計に入ります。省エネ、創エネ、蓄エネの性能と資金のバランスがとれた設計が、コストパフォーマンスの優れたスマートハウスづくりに重要です。分電盤は、種類（アンペア数、リミッターの有無、太陽光の有無、系統数）は早めに確定し、注文しておくことが大切です。電力消費を見える化し、効果的に管理するために、分電盤から各コンセントへの配電計画も早めに決めておく必要があります。

補助金の種類によっては、機器の購入前に見積書をとって申請する必要があるものもあるので、この段階で見積りをとっておきます。

🔲 住宅の完成後、分電盤やHEMS機器の設置

　設計が終わったら、住宅の施工に入ります。住宅が完成したら、分電盤を設置し、配電計画に従って配線工事を行います。続いて太陽光発電パネルやエコキュートなどの機器やパワーコンディショナー、HEMSの関連機器を設置し、配線工事を行います。HEMS中核機器にアプリケーションをインストールしたり、家庭内LANに接続したりして、試運転を行います。工事がすべて終了後、補助金の申請と受取りを忘れないようにしましょう。

🔲 維持管理と計画的な修繕

　スマートハウスは電子機器や設備の固まりです。そのため、これらの機器や設備を定期的に点検し、あらかじめ各機器の寿命を考慮して計画的な維持管理と修繕を行います。

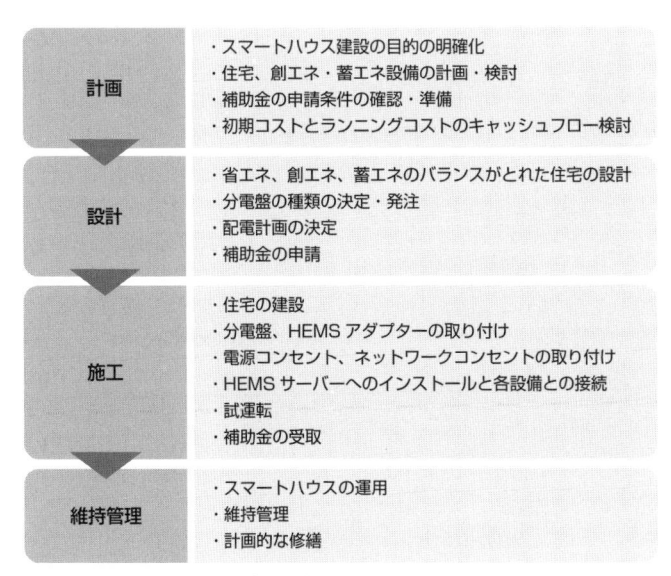

計画	・スマートハウス建設の目的の明確化 ・住宅、創エネ・蓄エネ設備の計画・検討 ・補助金の申請条件の確認・準備 ・初期コストとランニングコストのキャッシュフロー検討
設計	・省エネ、創エネ、蓄エネのバランスがとれた住宅の設計 ・分電盤の種類の決定・発注 ・配電計画の決定 ・補助金の申請
施工	・住宅の建設 ・分電盤、HEMSアダプターの取り付け ・電源コンセント、ネットワークコンセントの取り付け ・HEMSサーバーへのインストールと各設備との接続 ・試運転 ・補助金の受取
維持管理	・スマートハウスの運用 ・維持管理 ・計画的な修繕

スマートハウスの設計・施工手順
（資料提供：住宅ソリューションズの資料をもとに筆者が作成）

9-2 スマートハウス設計・施工の資格
一般住宅用の資格とネット接続の知識でOK

スマートハウスの設計・施工は一般の住宅と同じ資格があれば大丈夫です。住宅本体の設計には建築士、分電盤とHEMS中核機器などを接続する配線工事には電気工事士の資格が必要です。このほか、インターネット接続やLAN構築ができる程度のネットの知識があれば大丈夫です。

■ スマートハウスの設計・施工に特別な資格は不要

スマートハウスの設計や施工には、特別な資格は必要なく、母体となる住宅の設計は建築士が行います。通常の住宅設計・施工と同様に、規模や構造によって1級建築士、2級建築士、木造建築士と、必要な資格が異なります。

また、HEMS中核機器と空調機器や表示機器など、「弱電関係」の制御用配線や無線装置の設置工事にも特別な資格は必要ありません。

■ 住宅本体は建築士と大工さんで

二級建築士の資格があれば、延べ面積300 m^2以内の木造や鉄筋コンクリート造などの住宅の設計と工事監理が可能です。また、木造建築士の資格があれば、延べ面積が300 m^2以内で2階以下の木造住宅の設計と工事監理が可能です。

このほか、工事現場での工事を指揮・監督する際に必要となる資格として建築施工管理技士(1級と2級)がありますが、大工として現場で作業するために必要な資格は特にありません。

■ 分電盤関係の配線は電気工事士

「強電関係」と見なされる分電盤関係の配線工事には、一般の住宅同様に電気工事士の資格が必要です。また、エアコンの取り付け工事などでコンセントの増設を行ったり、分電盤からコンセントまでの電線を延長したりする時も電気工事士の資格が必要です。

あとは簡単なネットの知識があれば大丈夫

　HEMSの中核機器と空調・照明機器などをつなぐ制御用の配線工事や無線通信装置の設置工事には、とくに資格は必要ありませんが、パソコンをインターネットに接続したり、家庭内で有線／無線LANを構築したりできる程度の基本的なネットの知識は必要になります。

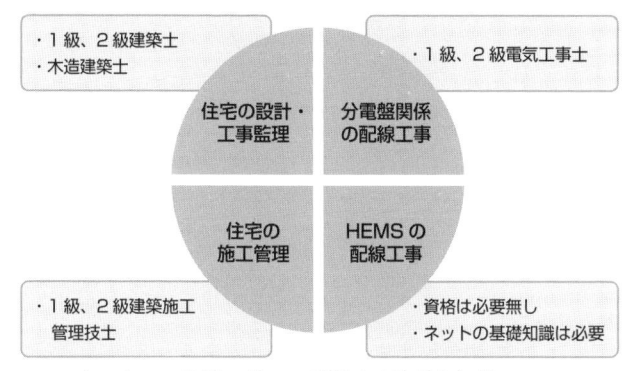

- 住宅の設計・工事監理
  - ・1級、2級建築士
  - ・木造建築士
- 分電盤関係の配線工事
  - ・1級、2級電気工事士
- 住宅の施工管理
  - ・1級、2級建築施工管理技士
- HEMSの配線工事
  - ・資格は必要無し
  - ・ネットの基礎知識は必要

スマートハウスの設計・施工に関連する資格と知識

9-3 設計・施工の役割分担
プロジェクトリーダーが全体を調整

スマートハウスを設計・施工するに当たり、大切なのは住宅本体の省エネ性能と、太陽光発電パネルや蓄電池などの創エネ・蓄エネ性能や資金配分のバランスをとることです。そのためには、建築、設備、そして、ITのすべてを理解し、調整できるプロジェクト全体のリーダー役が不可欠です。

■ ベストマッチングを実現するリーダー役

スマートハウスの省エネ・創エネ・蓄エネ性能を最大限発揮させるには、住宅と設備をうまくマッチングさせた設計が必要となります。そのためには、建築、設備、ITの基本や売買電のキャッシュフロー、そして補助金などの資金面をすべて理解し、調整できるリーダー役が必要です。

たとえば、太陽光発電を最大限に生かすためには、屋根の勾配・向き・位置を日照がうまく生かせるようにしなくてはなりません。また、太陽光発電に使える屋根を最大化することばかり考えていると、自然光や自然換気を活用するための天窓や明かりとり窓の効果を無視してしまい、照明や空調に電力を多く消費する住宅になってしまいがちです。

リーダー役となるのは、大手ハウスメーカーの担当者が多いようですが、建築士や工務店、建築プロデューサーなども、スマートハウスにかかわる幅広い知識を広く浅く持ち合わせていれば、スマートハウスの設計・施工をリードできます。

■ 住宅と設備の資金配分

スマートハウス建設用の資金を有効に生かすためには、住宅と設備にかける資金のバランスを考えることも必要です。太陽光発電パネルや住宅用蓄電池などの創エネ、蓄エネ機器に資金をかけすぎると、住宅自体の断熱材や断熱性・遮熱性の高いサッシを買う資金がなくなり、省エネ性能が悪い住宅になってしまいます。

住宅自体の省エネ性能は、新築時に高くしておかないと後付けではなかなか改善できません。一方、太陽光発電パネルや住宅用蓄電池などは、後付けや増設が

可能です。新築時に資金が十分ない時には、まず住宅本体の省エネ性能確保を最優先にし、次に創エネ・蓄エネの機器に投資する、といった長期プランも必要になります。

🔲 スマートハウスの目的

　スマートハウスの建設目的によっても、設備内容は変わります。太陽光発電パネルで発電した電気をなるべく多く売電して光熱費を減らし、利益を得るという経済的なメリットを最優先する場合は、太陽光発電パネルの出力を大きくし、給湯器はエコキュートにして売電価格が高いオール電化のメリットを最大限生かします。住宅用蓄電池は省略するのも一つの手でしょう。

　一方、災害時に電力自給ができるようにするには、創エネ装置として太陽光発電パネルだけでなく、住宅用の燃料電池やコージェネレーションシステム、エンジンの付いたPHEV（プラグインハイブリッド自動車）などの設備を充実させ、住宅用蓄電池も容量の大きなものを採用することになります。設備投資が大きくなるので、キャッシュフロー的にはオール電化よりも不利になるかもしれませんが、大きな安心感が手に入ります。

🔲 補助金や優遇税制の有効活用

　太陽光発電パネルや住宅用蓄電池、住宅の省エネ化、EV/PHEVなどスマートハウス関連機器や工事に活用できる国や地方自治体の補助金、優遇税制などはその時々によって利用できるものや金額が変わってきます。これらの補助金をうまく活用できるかどうかで、数百万円単位の資金の差が出ることも珍しくありません。

　住宅の省エネ化や創エネ、蓄エネ装置の選択によってどのような補助金が使えるかのリサーチは、スマートハウスを設計・施工するうえで欠かせません。

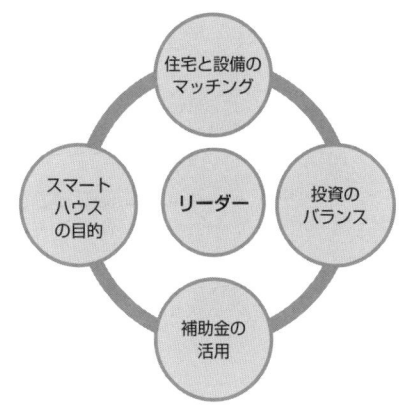

スマートハウスの設計・施工を調整するリーダーの役割

9-4 スマートハウスの資材入手方法
中小工務店向けの代理店を活用

スマートハウスは大手ハウスメーカーが中心に発売していますが、中小の工務店でも施工を請け負うことは可能です。HEMSの中核機器となるサーバーやモニター、分電盤などを機器メーカーの代理店から調達し、太陽光発電システムなどを組み合わせればよいのです。必要な資格は通常の住宅建設と同じです。

◻ 中小工務店向けの代理店を活用

スマートハウスというと、建築、設備、ITの各技術が合体した住宅なので、人材や技術、資金力がそろった大手ハウスメーカーでなければ手がけられないと思いがちですが、そのようなことはありません。HEMS機器を販売する代理店から機器を調達すれば、中小工務店でもスマートハウスの設計・施工が可能です。

◻ 入手できる機器

たとえば、HEMS関連機器のメーカー、日新システムズの代理店である住宅ソリューションズ（http://housol.com/）は、中小工務店向けに「ビルダーズHeMS」という機器提供サービスを行っています。このサービスを利用すると、HEMSの中核機器であるサーバーや電力計測を行うHEMSアダプター、電力センサー付きの分電盤、電力センサー付きの「スマートコンセント」などを調達できます。住宅内のLANに接続して使うHEMSで、モニターにはiPadやパソコンなどを使います。

また、分電盤の回路と部屋名などをひも付けてモニター画面上で表示させる設定などをメーカーからの出荷時に行っているため、中小工務店側の負担もそれほど大きくありません。

◻ 接続できる機器

ビルダーズHeMSは、HEMSの標準規格「ECHONET Lite」に対応しており、さまざまな家電や太陽光発電システム、住宅用蓄電池、燃料電池などを接続して、

>> 第9章 スマートハウス建設の手順

分電盤の回路やスマートコンセント、電力センサーごとの電力消費量や発電量などを見える化することができます。機器の制御は将来の課題ですが、今後ECHONET Liteの互換性が向上し、対応する家電や設備が充実してくると制御も可能になりそうです。

HEMS サーバー　　　HEMS アダプター

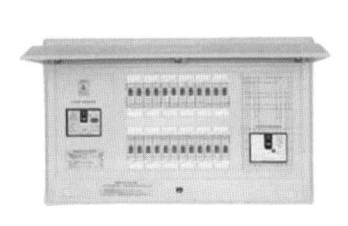

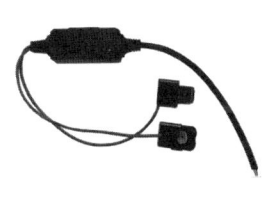

電力センサー付き分電盤　　スマートコンセント　　電力センサー

ビルダーズ HeMS で入手できる機器の例
（資料提供：住宅ソリューションズ）

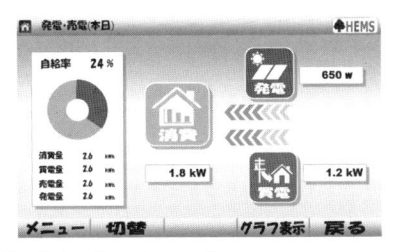

ビルダーズ HeMS のモニター画面例（資料提供：住宅ソリューションズ）

9-5
スマートハウスの維持管理
定期的なメンテナンスが重要

スマートハウスには、太陽光発電システムや蓄電池など、ふつうの住宅にはないさまざまな設備が取り付けられています。いわば電気製品や機械が住宅に組み込まれているようなものなので、ふつうの住宅に比べて定期的にメンテナンスする箇所は増えます。計画的にメンテナンスすることが設備を長持ちさせるコツです。

◻ HEMS

HEMSの中核機器やエネルギー計測ユニットは、電子機器であり使用によって摩耗する可動部もありません。長持ちさせるためには、電子機器に悪影響を与える湿度や温度が高い場所などを避けて設置することが重要です。

◻ 太陽光発電システム

スマートハウスの設備の中でも、太陽光発電システムは屋外に設置されるものが多いため、定期的なメンテナンスが必要になる部分です。

パワーコンディショナーや接続箱、モジュールの故障などの不具合が起こる可能性があります。日々の発電量を見たり、前年のデータと比較したりして、発電量の低下に気づいた場合には、太陽光発電システムのメーカーなどに依頼してチェックしてもらう必要があります。専用測定器で電圧や電流、絶縁抵抗を測定したり、赤外線サーモグラフィーで太陽光発電モジュールの表面温度を測定したりすることで、故障個所を発見・修理してもらいます。

また、太陽光発電パネルの表面にほこりなどが付着すると、発電効率が落ちます。土ぼこりが多い場所などで、水平に近い角度で設置している場合には、定期的に専門会社に依頼して清掃してもらうのがよさそうです。

◻ リチウムイオン蓄電池

停電時に非常用電源としても使う住宅用のリチウムイオン蓄電池も、メーカーの技術者などによる年に1回や2年に1回など定期的なメンテナンスが必要です。

点検は蓄電池の基盤や内部が腐食していないかなど、外部からではわからない部分のチェックを行います。また、寿命を延ばすためには、完全に放電し切る前にこまめに充電することが重要です。

◻ エコキュート

エコキュートなど貯湯タンクが付いている機器は、タンクの底に水あかがたまるため、2～3ヵ月に一度、貯湯タンクの底のバルブを開けて2～3分お湯を排出します。また、1年に1回は中のお湯をすべて排水し、にごりがなくなるまで給水と排水を繰り返します。

◻ エネファーム、エコウィル

住宅用燃料電池「エネファーム」や小型ガスエンジン発電システム「エコウィル」は定期的なメンテナンスが必要です。両者とも10年の保守契約が基本となっています。10年を過ぎると有償のメンテナンスとなり、それを受けないと運転できない場合もあります。

高圧洗浄機による清掃（左）と接続箱の点検（右）（資料提供：フューチャーメディアコミュニケーションズ）

赤外線カメラによる太陽光発電モジュール表面の温度測定（資料提供：シャープエンジニアリング）
太陽光発電システムのメンテナンス例

9-6 スマートハウスの課題
施工ミスで漏水、パネルからの出火も

　スマートハウスの課題としては、住宅用蓄電池や燃料電池などの価格が高いことが上げられます。このほか、トラブルとしては、屋外の高所に設置され、高い電圧を発生する太陽光発電パネル関係の設備では、施工不良による雨漏りや感電事故、火災などが発生することもあります。

◼ 機器の価格は高い

　スマートハウスの主要機器と太陽光発電システムは、規模にもよりますが太陽光発電パネルやパワーコンディショナー、架台や設置工事費などで200万円程度かかるといわれています。HEMSは最近、価格が下がりつつありますが、中核機器とモニター、分電盤で20万～30万円程度はかかります。

　とくに価格が高いのは住宅用蓄電池です。容量にもよりますが、100万～200万円以上と価格が高く、今後のコストダウンが期待されています。

◼ 思ったほど売電収入が得られない

　スマートハウスの経済的なメリットを支えるのは、太陽光発電による売電収入です。しかし、思ったほどの売電収入が得られず、ローンの返済計画が狂ったというトラブルもよくあります。太陽光発電の発電量をシミュレーションするうえでは、単純に屋根の向きや勾配だけでなく、周囲の建物からの影がどれくらい太陽光発電パネルにかかるのかをよく検討し、正確な発電量を見積っておくことが重要です。

◼ 施工不良による雨漏り

　太陽光発電パネルの設置工事では、架台を屋根に取り付ける時、屋根の防水シートに穴を開けることがあります。この時、施工不良があると雨水が防水シートの穴を通り抜けて雨漏りすることがあるため、防水対策はビスの部分だけでなく、別の部分から雨水が流れてくることも想定してしっかり行う必要があります。

■ 太陽光発電パネルからの出火

　太陽光発電パネルは小さなセルを配線でつないでつくられています。配線の接続部分などに接触不良などがあると、電流により過熱し、出火することがあります。配線工事は、接触不良などが起こらないように入念に行う必要があります。

■ 感電事故

　セルを直列につないだ太陽光発電パネルは、数百Vの電圧が発生します。屋根にのぼって太陽光発電パネルの清掃やメンテナンスを行う時には、感電事故や墜落事故に注意が必要です。

　また、昼間、太陽光発電パネルが発電中に住宅で火災が起こり、消防車で放水する時に、消防士が感電することもあります。これは、太陽光発電パネルの電気が放水された水を経由して消防士に伝わるからです。

■ 太陽光発電パネルからの落雪事故

　最近、太陽光発電パネルの上に積った雪が落下して、地上を歩いている人に当たってケガをするという落雪事故が増えてきました。太陽光発電パネルは滑りやすく、雪が積るとふつうの屋根以上に落雪しやすくなっています。豪雪地域では雪への対策を講じるのが一般的ですが、あまり雪が降らない地域でも落雪事故に対する配慮を行っておくことが大切です。

全般	計画時	施工時	使用時
・価格の高さ	・太陽光発電量の正確な見積り	・屋根からの雨漏り	・感電事故 ・パネルからの出火事故 ・落雪事故

スマートハウスの課題

9-7 スマートハウスの寿命
設備によって異なる耐用年数

スマートハウスを構成する建築、設備、ITは、それぞれ耐用年数が違うので、スマートハウスの寿命はひとくくりにできません。また各設備や機器の耐用年数をもとに、計画的に設備や機器の交換を行えば、スマートハウスはそのたびによみがえります。

■ 耐久年数が20年以上の太陽光発電パネル

太陽光発電パネルは年月がたつと発電能力が徐々に衰えてきますが、その寿命は20年以上と言われており、主要メーカーは太陽光発電モジュールに10～25年の保証を付けています。一方、直流を交流に変換するパワーコンディショナーなどの周辺機器は、10年保証が一般的なので、太陽光発電パネルに比べて短いと考えたほうがよさそうです。

■ 耐久性が向上し続ける住宅用蓄電池

住宅用のリチウムイオン蓄電池は、充電と放電を繰り返すことで電池容量が低下します。数年前は3,500回程度が寿命といわれていましたが、最近は8,000回充放電しても初期の70％以上の容量を維持する製品も出てきました。

1日1回充放電を行った場合、3,500回なら約10年、8,000回なら20年以上も使えることになります。

■ 10～15年が相場の給湯機器類

高効率給湯器「エコキュート」、住宅用燃料電池「エネファーム」、小型ガス発電システム「エコウィル」などの寿命は10～15年と見られています。ただ、保証期間である10年が経つと、一般のガス給湯器と同様にいろいろな不具合が出てきます。

特にエネファームは運転時間にして4万時間が寿命の目安となっていて、どんなにメンテナンスや修理を行っても、20年間しか使用できません。

◻ HEMS

　補助金の対象となるHEMSの法定耐用年数は5年以上となっていますが、HEMSの中身は電子機器であり、可動部分はありません。したがって、寿命を正確に予測することは難しいものの、通常の電子機器と同じように10〜15年程度と考えられます。

◻ 住宅自体の寿命

　これまで日本の住宅は建ててから30年ほどで取り壊し、建て直す例が多くありましたが、建物自体の寿命というよりも、面積が狭い、時代にあったつくりになっていないといった理由で取り壊されていました。

　最近は、住宅の長寿命化が建築業界でもテーマとなっており、建物を長期間にわたってメンテナンスしていく「住宅履歴書」の制度などもつくられているので、適切にメンテナンスを行っていけば、50〜100年以上は使い続けることも可能でしょう。

機器名	標準的な耐用年数
太陽光発電パネル	20年以上
パワーコンディショナー	10〜15年前後
住宅用リチウムイオン蓄電池	10〜20年以上
エコキュート	10〜15年
エネファーム	10〜15年。最長20年
エコウィル	10〜15年
HEMS	10〜15年前後
住宅自体	50〜100年以上

スマートハウスの各機器の耐用年数

9-8 スマートハウス化リフォーム
古い建物がスマートハウスに大変身

既存の建物をリフォームする際に、HEMSや創エネ、蓄エネ、省エネの設備を取り付けてスマートハウスに変身させることができます。ただし、住宅自体の省エネ性能が悪いとスマートハウス化の効果があまり発揮できないので、住宅自体の断熱性や省エネ性能を高めるのが先決です。

◼ 住宅のパッシブ性能向上が先

古い住宅をリフォームすれば、スマートハウスに変身させることも可能です。ただし、住宅自体の省エネ性能が悪いと、高価なHEMSや創エネ、蓄エネ、省エネ機器を取り付けても、効果は半減してしまいます。

そこで、スマートハウス化リフォームでは、住宅自体のパッシブ性能を高める工事を先に行います。たとえば、床や壁、天井などに断熱材を充てんしたり、開口部を高断熱のサッシに取り換えたりして断熱性を高め、通風性、採光性などを向上させるのです。

その後、予算に応じてHEMSや太陽光発電システム、住宅用蓄電池などを設置していきます。

◼ スマートハウス化リフォームの例

スマートハウス化リフォームを行っている企業とリフォームサービスの例として、住友林業ホームテックの「スマートリフォレスト」は、耐震診断や断熱・省エネ診断を行い、採光性や通風性を解析して冷暖房に頼りすぎないプランを提案します。ミサワホームイングの「ECO SMART REFORM（エコ・スマート・リフォーム）」は、HEMS、太陽光発電システム（2.94 kW）、リチウムイオン蓄電池（2.3 kWh）の3点セットで392万700円（税込み。工事費込み）で提供しています。三井不動産リフォームの「スマートリフォーム」も通風・採光・動線・断熱などのパッシブデザインと、創・蓄・省エネ機器の導入を提案しています。

◻ 補助金も活用できる

　スマートハウス化リフォームでも、HEMSや太陽光発電システム、リチウムイオン蓄電池などの機器類や、断熱材、断熱サッシなどの高性能建材にさまざまな補助金を活用することができます。補助金の額や申込期限は毎年、変わるので事前にインターネットなどで調べ、余裕をもって準備を進めましょう。

組合せ例	価格（円）	含まれる設備
太陽光発電＋オール電化＋HEMS	3,223,500	HEMSユニット・モニター、太陽光発電（3.36kW）、エコキュート、IHクッキングヒーター
太陽光発電＋オール電化＋蓄電池＋増設用蓄電池	3,360,000	HEMSユニット・モニター、太陽光発電（3.36kW）、リチウムイオン蓄電池（2.3kWh）
太陽光発電＋エネファーム（ダブル発電）＋HEMS	4,347,000	HEMSユニット・モニター、太陽光発電（3.36kW）、エネファーム
太陽光発電＋HEMS	1,984,500	HEMSユニット・モニター、太陽光発電（3.36kW）
省エネアイテムプラス工事	外壁・屋根・天井、床の断熱改修工事 / 窓の断熱改修工事ペアガラス / LEDライト / エアコンなど省エネ家電	

スマートハウス化リフォームの価格例（税込み／工事費含む）
（資料提供：ミサワホームイング。2013年5月現在）

スマートハウス化リフォームの例
（資料提供：三井不動産リフォーム）

[column 09]

海外でも日本のスマートハウス技術を採用

　日本のスマートハウス技術は、海外にも進出し始めています。たとえば、シンガポールの高級マンション「ECHELON（エシェロン）」には、大和ハウス工業が開発した「D-HEMS」が採用されました。

　43階建て、508戸からなる同マンションは専有面積が40〜379 m^2で、販売価格は80万シンガポールドル（約5,600万円）〜715万シンガポールドル（約5億円）です。このうち、152戸の「プレミアム物件」にD-HEMSが採用されます。

　コントローラーとなるタブレット端末「iPad」から、各部屋のエアコンを一括制御することができ、スイッチのオン・オフや温度・風速の設定、部屋温度や動作状況の確認も可能です。電力使用量の少ない部屋は青、多い部屋は赤という5段階の色分けで「見える化」します。

　採用のきっかけは、シンガポールで省エネサービス事業を展開するCBM社（CBM Pte Ltd）が、生活目線に立って開発された大和ハウスのD-HEMSに注目したことでした。日本のスマートハウス技術も、海外に輸出される時代になったのです。

大和ハウス工業の「D-HEMS」が採用されたシンガポールの高級マンション「エシェロン」
（写真・資料提供：大和ハウス工業）

第10章 スマートハウスのこれから

　スマートハウスはこれまで、省エネや非常時における電力の自給自足など、エネルギーに関する機能が注目されてきました。これからは、さらに省エネ化を進めて「ゼロエネルギーハウス」へと発展していくでしょう。
　エネルギー以外の機能としては、HEMSと防犯システムやAV機器などさまざまなスマート家電との連携、さらにはHEMSとインターネットやクラウドサービスとの連携により、住宅の情報窓口やネットワーク的な広がりも期待されています。
　また、スマートコミュニティーによって災害に強い街づくりを行ったり、次世代送電網「スマートグリッド」によって電力の需給調整を行ったりするうえでも、スマートハウスの役割はますます重要になってくるでしょう。

10-1 » スマートハウスの進化
情報化、標準化、統合化がポイント

スマートハウスは現在、省エネ、創エネ、蓄エネによる光熱費の削減や電力ピークカットなど、エネルギーの側面だけがクローズアップされています。しかし、今後は外部コミュニティーとの情報連携、HEMSや家電・設備などの標準化、住宅本体と設備・機器の統合化などが重要になるでしょう。

情報化による外部コミュニティーとの連携

現在のスマートハウスは、住宅内のエネルギー活用の最適化を追求しています。たとえば、住宅内で電気が余ったら外部に売電し、足りなければ買電するというように、自分の住宅のことしか考えていません。しかし今後、地域全体での電力需給状況も考えたデマンドレスポンスやスマートグリッドが発達していくと、スマートハウスと外部コミュニティーとの連携が求められてきます。

また、HEMSはエネルギー関連の機器だけでなく、セキュリティーシステムや健康機器、情報機器とも接続し、見える化や制御を行える拡張性を持っています。今後、少子高齢化が進行していくと、高齢者の医療や介護なども問題になってきます。たとえば、HEMSと連携する各種センサーや健康機器の情報を医療や介護などの分野で活用することで、通院や往診をしなくてもネット上で日常の診察を行ったり、要介護者のケアを行ったりできるようになるでしょう。エネルギー以外の分野においても外部コミュニティーとの連携を図るインフラとしてもスマートハウスが機能するようになるでしょう。

ECHONET Lite による標準化の推進

日本生まれのスマートハウス用標準規格として「ECHONET Lite」がつくられましたが、実際には各メーカーが異なる通信手段を採用するなど、積極的に他メーカーの機器との接続を行おうとしていないのが現状です。そこにはメーカーの顧客囲い込み戦略が見え隠れしています。

一方、海外では北米の「SEP2.0 (Smart Energy Profile2.0)」、欧州には「KNX

(KONNEX)」などの規格があり、経済産業省の「スマートハウス標準化検討会」では今後、これらの海外規格との融合・連携を図っていく方針を明らかにしています。

しかし、肝心の日本国内でECHONET Liteによるスマートハウス関連製品の標準化が進まなければ規格自体がガラパゴス化してしまい、結局、海外規格がデファクトスタンダードになる恐れもあります。ECHONET Liteによる早急な標準化こそ、戦略的に行う必要があります。

住宅と設備・機器の統合化

現在のスマートハウスは、本体となる住宅がまずあり、そのうえに省エネ、創エネ、蓄エネの機器を後付けするというつくり方が大半です。その結果、住宅と機器とのマッチングが最適に行われておらず、スマートハウスとしての性能や機器の納まり、メンテナンス性などに改善の余地がある場合も少なくありません。

住宅を設計する建築士が、省エネ、創エネ、蓄エネの各設備にどのような大きさや性能のものを使うか、収納場所や取り付け方法はどうするか、完成後のメンテナンスはどう行うかなどをよく意識して、住宅と設備を統合した設計を行ってこそ、スマートハウスとしての性能を最高にチューンアップすることができるのです。建築士はHEMSや設備への理解を深め、設備や電気工事の担当者は建築への理解を深め、両者のコラボレーションが求められています。

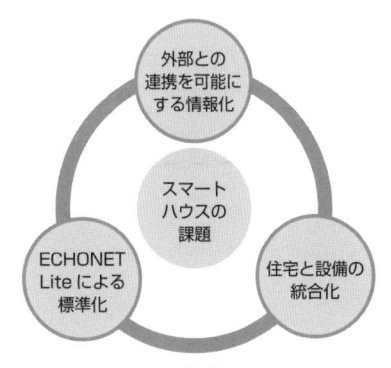

スマートハウスの課題

10-2 スマート家電
ネットにつながる未来の家電

スマート家電とは、HEMSやLANなどのネットワークに接続できる家電を意味します。HEMSと連携して運転状況や消費電力量などの見える化や運転制御を行ったり、スマートフォンで遠隔操作を行ったりすることができます。省エネや防犯、健康管理、介護などの幅広い分野での応用が可能です。

スマート家電とは

スマート家電とは各種センサーを内蔵し、HEMSやLAN、インターネットなどに接続して、離れた場所から運転状態の確認や制御ができる家電を意味します。

電力消費量の見える化や節電を目的としたスマート家電にはエアコンや洗濯機のほか、冷蔵庫、レンジ、炊飯器などのキッチン家電があります。また、健康管理を目的とした製品には、血圧計や活動量計、体組成バランス計などがあり、ほかにもIHクッキングヒーター、洗濯乾燥機などが発売または計画されています。

また、テレビやビデオ、デジタルカメラ、ビデオカメラなどAV機器や、インターホンは、スマート家電として発売されています。

スマートフォンをコントローラーとして活用

スマート家電の使い方としてはまず、スマートフォンやタブレット端末をリモコンやモニターとして利用する方法があります。制御用のアプリをスマートフォンなどに読み込むと、NFCやFeliCaなどの近距離無線、無線LAN、インターネットなどによって画面上で運転状況の確認、スイッチや設定などの操作、健康データの集計や見える化などが行えます。

インターネットで情報検索や介護も

もう一つの使い方は、インターネットを通じてのデータ交換です。キッチン家電用のレシピや取扱説明書をインターネットで検索し、スマートフォンの画面で見る、といった使い方ができます。

今後は要介護者の血圧データや冷蔵庫の開閉データを、離れた場所にいる家族や介護スタッフがチェックして、異常が発生したときにはすぐに対応するなどの介護分野での活用も期待されています。

◻ HEMSとの連携

HEMSと連携できるスマート家電は、エアコンなどを除くとまだ多くありませんが、HEMSの標準規格「ECHONET Lite」の対象機器にはあらゆる家電製品が網羅されているので、今後、ニーズに応じてHEMSと連携できるスマート家電が増えてくるものと予想されます。

さらに将来は次世代電力網「スマートグリッド」とHEMSが連携して、電力需給がひっ迫してきた時には優先度の低い家電のスイッチを切ったり、空調の設定を弱めたりすることで、ユーザー側での電力消費量を自動的に削減することも重要な役割と考えられています。

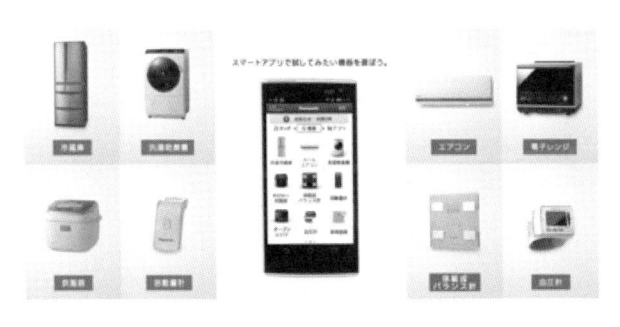

スマート家電の例
（資料提供：パナソニック）

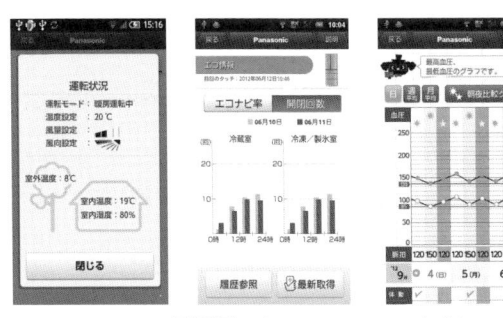

スマートフォンの画面例。左からエアコンの運転状況、冷蔵庫扉の開閉回数、血圧データの集計（資料提供：パナソニック）

10-3 住宅用防犯システム
電気錠やインターホンをHEMSと連携

将来、HEMSは電気錠やインターホン、監視カメラ、ガス漏れや火災などのセンサーなどと連携することで、住宅用防犯システムとしても機能します。HEMSのコントローラーやスマートフォンの画面で、施錠状態の確認・制御や防犯カメラの画像チェック、インターホンへの応答などが可能になります。

■ ネットワーク化が進む住宅用防犯システム

電気錠やインターホン、防犯カメラ、ガス漏れ・火災センサーなど住宅用の防犯システムもネットワーク化が進んでいます。住宅内の無線LANを通じて、どこからでもインターホンに応答したり、防犯カメラの画面を確認できます。さらにはインターネットや電話回線と連携して、外出先から住宅の施錠状態や訪問者の顔を確認したり、緊急時には警備会社へ通報することができるようになっています。

また、空調機器や照明機器などの家電を制御する機能もあり、HEMSの機能と非常に似ています。

■ 防犯システムとHEMSとの連携

HEMS中核機器を発売している家電メーカーなどは、将来の防犯システムとの連携を視野に入れた製品を開発しており、「ファームウエア」と呼ばれる内蔵ソフトをバージョンアップするなどの方法で対応できます。また、HEMSの標準規格である「ECHONET Lite」の対応機器にもガス漏れセンサー、防犯センサー、火災センサー、来客センサーなど防犯システムと関係の深いセンサー類が幅広く含まれています。

■ 住宅用情報ネットワークインフラへの進化

これまで住宅用防犯システムは、HEMSによるエネルギー管理とは独立して進化してきましたが、HEMSと通信規格を共通化することで、防犯とエネルギ

一管理を一元管理ができるようになります。

　HEMSで防犯とエネルギー管理の両方が行えることは、生活者に対してコントローラーや操作画面の統一によるワンストップサービスとしての利便性を提供するほか、防犯システムとエネルギー管理の連携、設備の共通化によるコストダウンなど、さまざまなメリットを生み出します。

　HEMSはさらに住宅内の家電やクルマなどと連携することにより、「住宅用情報ネットワークインフラ」として進化していく可能性があります。

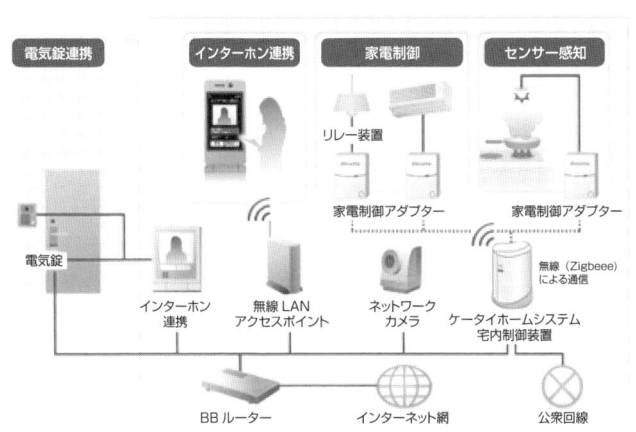

住宅用防犯システムのネットワーク化（資料提供：NTTドコモ）

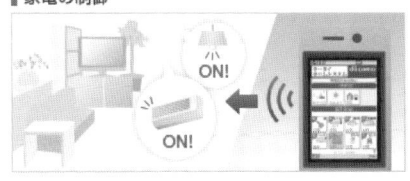

外出先から可能な操作
外出先から携帯電話で、遠隔操作による玄関の施錠やインターホンへの応答、エアコンや照明器具などの電源オン／オフ操作などができる（資料提供：NTTドコモ）

10-4
クラウドとHEMSの連携
ネット上のハード、ソフト、情報を活用

HEMSとインターネット上にあるコンピューターなどを連携させて、双方向で情報をやりとりするクラウド型のHEMSが増えています。外部のさまざまな情報を住宅で活用できるほか、マンションではクラウドサービスによって電力の需給調整を行う「デマンドレスポンス」が実用化されています。

◻ クラウドとは

インターネットなどのコンピューターネットワークのイメージ図は、よく雲（英語で「クラウド」）の形で表されます。そこで、インターネットに接続されたコンピューターなどのネットワークを「クラウド」と呼び、提供される情報サービスのことをクラウドコンピューティングサービスと呼びます。

◻ クラウドとHEMSの連携

クラウドとHEMSをインターネットによって連携させて、電力の使用状況データなどをクラウド上のコンピューターに送ると、気象条件などを加えた高度な分析やほかの住宅のエネルギー使用量との比較、省エネのアドバイスなどの情報を住宅に返送し、住宅内のモニターやパソコン、スマートフォンなどで見ることができます。

◻ クラウドとの連携メリット

クラウドとHEMSを連携させると、クラウド上に用意された最新のコンピューターやソフトをつねに使えるほか、最新の電力需給状況を参照したり、エネルギー以外の気象や生活情報などをHEMSから受け取り、モニターなどで活用することができます。また、SNS（ソーシャル・ネットワーキング・サービス）によってほかの家族と省エネ度を競ったり、励まし合ったりといったコミュニケーションを図るサービスも行われています。

一括受電を行っているマンションなどでは、電力消費のピーク時や電力料金が

割高な時間帯などに、サーバーからHEMSを通じて節電ボランティアを募集し、電力の需給調整を行う「デマンドレスポンス」も行われています。ピーク電力を下げることで一括受電の電力料金を下げることができるからです。

クラウドとHEMSの連携イメージ
住宅のエネルギーデータをクラウドサーバーに送って分析し、そのデータやアドバイスなどを住宅に提供するHEMSサービス「enecoco」。SNSによりほかの家族とコミュニケーションを図ることもできる（資料提供：ミサワホーム）

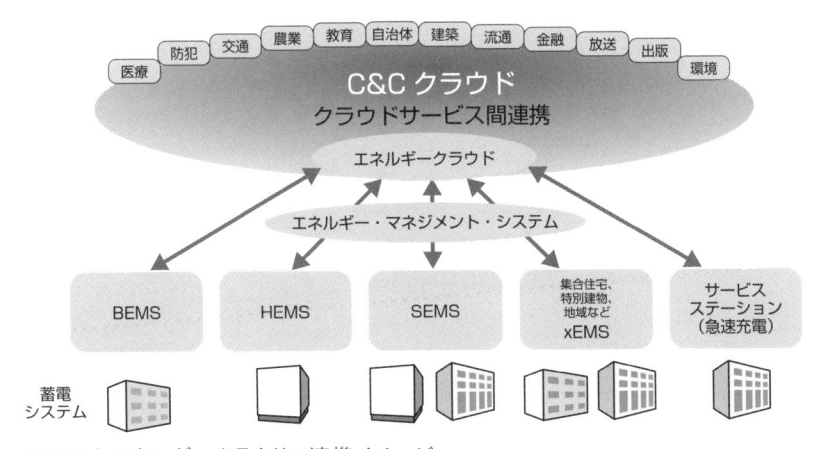

HEMSとエネルギークラウドの連携イメージ
エネルギークラウドがHEMSと連携してさまざまな情報・サービスの提供を行う（資料提供：日本電気）

10-5 » 直流給電システム
電気を直流のまま使って効率アップ

　直流給電システムとは、住宅内に直流用のコンセントを設けて太陽光発電パネルや電気自動車、住宅用蓄電池などの創エネ・蓄エネ装置と接続して、直流のまま電気を使うものです。家電機器の多くは最終的には直流で動作するため、電力の損失が発生する直流・交流間の変換を少なくして効率を高めることができます。

❏ ほとんどの家電・設備は直流で動作

　現在、住宅内のコンセントには商用電源の交流100 Vの電気が供給されていますが、太陽光発電システムや住宅用蓄電池、電気自動車などの創エネ・蓄エネ装置の電気は直流ですので、系統連系を行うためにパワーコンディショナーで直流を交流に直す必要があります。また、エアコンや冷蔵庫、洗濯機、LED照明などの家電やテレビ、パソコン、スマートフォンなどのAV機器も最終的には直流の電気で動作するので、今度は機器に内蔵したAC/DCコンバーター、コンセント用のアダプターなどで交流から直流に変換しなければなりません。

❏ 直流・交流の変換による電力損失

　交流100 Vをメインにした給電システムでは、何度も直流と交流の変換が必要になりますが、住宅内で使う電気を直流で供給する直流給電にすると変換は商用電源と宅内用のDC配電盤の間で1回行うだけで大丈夫になります。
　直流と交流の変換を行うときに電力損失が発生します。変換の回数が少なくなれば電力損失も減るのでその分が省エネになります。

❏ 標準化と安全性が課題

　直流給電システムの課題は、採用する電圧の大きさです。現在、12 V・24 V・48 Vなどのほか、データセンターや工場と同じ400 Vという案が出されており、大学や企業など52団体(2012年11月現在)が参加する「宅内直流給電アライアンス」や各企業などで、標準化に向けた作業が進められています。

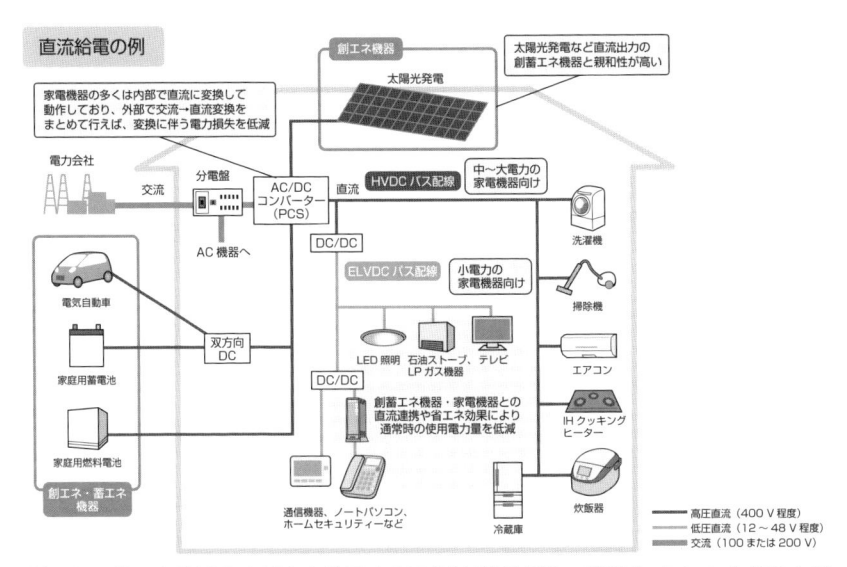

>> 第10章 スマートハウスのこれから

直流給電の例

創エネ・蓄エネ装置や大電力を使用する家電は高圧直流、照明やパソコンなどの小電力家電には低圧直流を給電する案（資料提供：丹 康雄　JAIST（北陸先端科学技術大学院大学））

現行の給電システムの構成イメージ

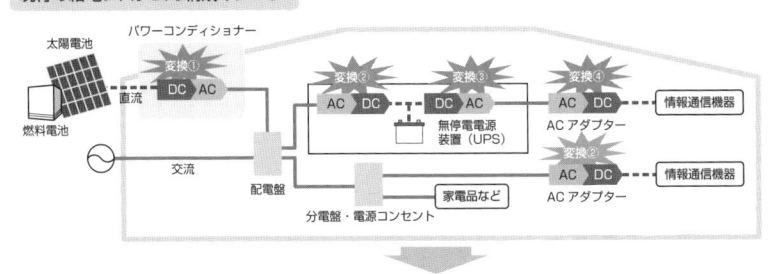

直流給電システムの構成イメージ（AC 並存の場合）

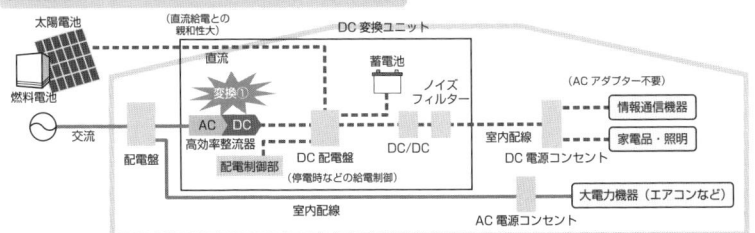

AC／DC 変換の削減による効率改善（資料提供：丹 康雄　JAIST（北陸先端科学技術大学院大学））

209

10-6 >> スマートタウン　街全体をゼロエネルギー化

街区全体をスマートハウスでつくった分譲地が最近、各地で建設されており、「スマートタウン」と呼ばれることがあります。スマートハウスを集団化することにより、街区全体でエネルギー問題への対処や、災害時への対応、安全・安心・快適の実現などをめざしています。

■ スマートタウンとは

「スマートタウン」という言葉の定義ははっきりと決まっていないものの、一般に街区全体の住宅をスマートハウス化した住宅地のことをさします。多数のスマートハウスをまとめて建設することにより、エネルギー性能や災害時の電力自給、防犯性能などに強みを発揮することが可能になります。

現在、大手ハウスメーカーなどが中心となり、日本全国に数十戸〜数百戸規模のスマートハウスが続々と建設されています。

■ メリットと課題

街区の住民全員がスマートハウスの住人なので、エネルギーや環境の問題に対する考え方やライフスタイルが共通しています。街区全体での省エネへの取組みや、災害時にはスマートハウスならではのエネルギー自給をベースにした助け合いが行いやすいというメリットがあるでしょう。

その反面、共用設備に太陽光発電システムや蓄電池などがある場合、これらを維持管理するための費用や労力などの分担、機器が陳腐化した際の更新での合意形成などは、長期的な課題となりがちです。

■ スマートタウンの例

積水ハウスは「スマートコモンシティ」というスマートタウンを全国11ヵ所で展開しています（データは2013年3月現在。以下同じ）。たとえば、茨城県古河市の「スマートコモンステージけやき平」は、67区画すべての住宅を太陽電池と

燃料電池を備えたダブル発電とし、年間42万3,500 kWhを発電します。これは分譲戸数を上回る85世帯分の電力に相当します。

　パナホームは「パナホーム スマートシティ」を兵庫県芦屋市と大阪府堺市に展開しています。芦屋市の「パナホーム スマートシティ潮芦屋」では、約400戸からなる街区をまるごとネットゼロエネルギー化し、CO_2排出量をゼロにする計画です。

　大和ハウス工業は大阪府堺市に「晴美台エコモデルタウン」を開発。65区画すべての住戸を太陽光発電システムやLED照明、高効率給湯器や燃料電池を備えたネットゼロエネルギーハウスとし、共用施設のエネルギーを太陽光発電と大型リチウムイオン蓄電池でまかないます。

パナホームの「パナホーム スマートシティ潮芦屋」
兵庫県芦屋市。第1街区（全109戸）にパナソニック製の「創蓄連携システム」を採用。街まるごとでピーク電力の抑制に貢献でき、無理のない節電と、計画停電や災害時の電力確保が可能。第2から4街区の約300戸を含め、日本最大規模の約400戸の戸建住宅で、街まるごとのネットゼロエネルギー化と$CO_2 \pm 0$（ゼロ）を実現する。クラウドサービスによる「タウンマネジメント」を実用化。地域特性を生かした、「安心・安全」な街づくりをめざす（資料提供：パナホーム）

大和ハウス工業の「晴美台エコモデルタウン」
大阪府堺市。65区画すべての住戸に太陽光発電システムや燃料電池を装備し、75戸分の発電が可能。余剰電力をモデルタウン外に供給できる。全戸がLED照明、高効率給湯器を備えたネットゼロエネルギーハウスで、共用施設のエネルギーを太陽光発電と大型リチウムイオン蓄電池でまかなう（資料提供：大和ハウス工業）

積水ハウスの「スマートコモンステージけやき平」
茨城県古河市。67区画すべての住宅を太陽電池と燃料電池を備えたダブル発電とし、分譲戸数を上回る85世帯分の電力に相当する年間42万3,500 kWhを発電する。全戸にEV用コンセントを装備。オプションで蓄電池も装備可能で、停電時には約5秒で電力を自動復旧できる。

ミサワホームの「熊谷スマートタウン整備事業」

埼玉県熊谷市。熊谷市が実施する「熊谷スマートタウン整備事業」の開発事業主としてミサワホームが参加するプロジェクト。約1万8,600 m^{2}の開発地に73戸のスマートハウスを建設する。樹脂サッシや鋼製断熱玄関ドアなどで建物の断熱仕様を向上し、太陽光発電システムやHEMS、高効率エアコン、LED照明などを標準採用。全棟がZEH（ゼロエネルギーハウス）基準に対応する。自然の風や光を有効活用する「微気候デザイン」。オプションとして太陽の光と熱を同時利用するカスケードソーラーシステムや蓄電池、燃料電池なども用意している。2015年夏ごろ販売開始予定（資料提供：ミサワホーム）

タマホームの「タマスマートタウン茨木」

大阪府茨木市。タマホームの「スマートタウン構想」の第1号プロジェクト。約21万 m^{2}の広大な敷地に577戸のスマートハウスを建設する。全戸が長期優良住宅で、2.3 kW以上の太陽光発電パネルと「エコウィル」によるダブル発電、1.5 kWhの蓄電池、LED照明やLow-E複層ガラスなどを標準装備している。タウン内は昼夜1回ずつ警備員が巡回し、各戸にはホームセキュリティーシステムが備えられている。平成27年末まで茨木駅まで、無料の住民専用シャトルバスを運行予定（資料提供：タマホーム）

10-7 スマートマンション
マンション版のスマートハウス

スマートマンションとは、マンション版のスマートハウスです。各戸にHEMSを設置し、エネルギーの使用量の見える化や、空調・照明機器の集中制御を行う一方、共有スペースに太陽光発電パネルや大型蓄電池、EV充電器などを設置し、「MEMS（マンションエネルギー管理システム）」でマンションを最適管理します。

■ スマートマンションとは

占有部の各戸にエコキュートやLow-Eガラス、LED照明などの省エネ機器を設置してHEMSでエネルギー使用量を見える化、制御する一方、共有部には太陽光発電パネルや大型蓄電池、EV充電器などの創エネ、蓄エネ機器を設置して、MEMSによってマンション全体のエネルギー使用を最適に制御するマンションです。

■ 共有スペースはMEMSで管理

MEMSはマンション全体の電力使用状況を把握し、共有スペースの大型蓄電池やEV充電器、ロビーの空調や照明などの自動制御を行います。災害時などで停電した時には、太陽光発電や大型蓄電池などを使って、非常用エレベーターや給排水ポンプなどを運転します。

またMEMSには、各住戸のHEMSと連携した各戸の空調設定温度の自動制御機能、各戸を対象とした電力需給の調整機能（「デマンドレスポンス」機能）を持ったものもあります。

■ マンションならではのメリット

戸建て住宅や従来のマンションでは、各戸が個別に電力会社と契約して受電していましたが、スマートマンションでは割安な高圧電力をマンション全体で一括受電し、電力のピークカットを行うことで、各戸の電気料金を数パーセント削減することができます。ピークカットの際には、節電協力に対するポイントサービ

スなどを活用して、住戸の中からデマンドレスポンスへの協力者を募る方法などをとります。

また、EVをカーシェアリングサービスとして導入し、非常時には走行用蓄電池の電気を共有設備に活用することで、1戸当たりの設備負担を減らせます。

🔲 スマートマンション向けの補助金

スマートマンションの管理組合や新築時のデベロッパーなどが、「MEMSアグリゲータ」と呼ばれる専門会社からエネルギー管理サービスを受ける場合、MEMSにかかわる設備費と工事費についてそれぞれ3分の1以内の額が補助される制度があります（「平成24年度スマートマンション導入加速化推進事業費補助金」の例）。

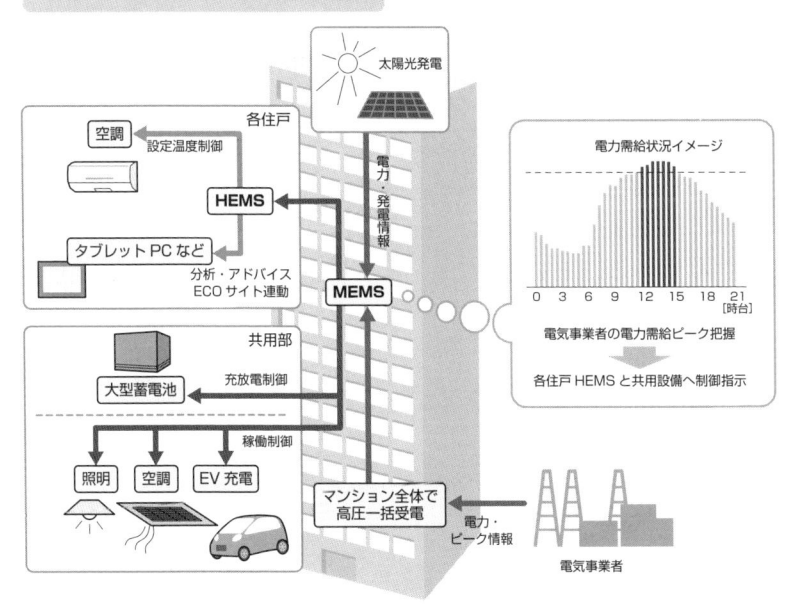

スマートマンションの概念図

10-8 ゼロ・エネルギー・ハウス
エネルギー消費を差し引きゼロに

住宅のエネルギー消費量を減らす高い省エネ仕様を施すとともに、エネルギーをつくり創エネ機能を備え、年間のエネルギー使用量の収支をほとんど「ゼロ」にできる住宅のことを「ゼロ・エネルギー・ハウス」といいます。1年を通じて見るとエネルギーを自給自足できる住宅です。

■ ゼロ・エネルギー・ハウスとは

ゼロ・エネルギー・ハウス（ZEH：Zero Energy House）とは、簡単にいうと「年間の1次エネルギー消費量の収支が正味（ネット）でほぼゼロになる住宅」です。正確には「ネット・ゼロ・エネルギー・ハウス」といいます。

これは年間の光熱費がトータルでゼロまたはプラスになることとは意味が違います。光熱費がゼロになっても、エネルギー収支的には消費量のほうが多いのが通常なので、ゼロ・エネルギー・ハウスには、さらに高い性能が求められるのです。

■ 枯渇性資源を使わないで暮らせる住宅

ゼロ・エネルギー・ハウスとは、外部から購入する電力やガスなどのエネルギー消費量以上のエネルギーを、太陽光発電などによってつくり出せる住宅のことです。エネルギーの消費と創エネのタイミングのずれさえ解決できれば、ゼロ・エネルギー・ハウスは石油や石炭、天然ガス、ウランなどの枯渇性資源を使わないで暮らせる住宅を意味するのです。

■ 石油や石炭などの枯渇問題への対応

現在、主要なエネルギー源として使われている石油や石炭、ウランなどはこのままのペースで消費が進むと、100年もたたないうちに枯渇するといわれています。住宅を含め、建物で使われるエネルギーの割合が最も多く、交通機関や工場で使われるエネルギーを上回っています。住宅やビルをゼロ・エネルギー化することは、石油や石炭などの枯渇問題の対策として大きな意味を持ちます。

◼ ゼロ・エネルギー・ハウスに対する補助金

　住宅のゼロ・エネルギー化を進めるための補助金として、国土交通省は平成24年度、ゼロ・エネルギー住宅の新築・改修を行う中小工務店を対象に「住宅のゼロ・エネルギー化推進事業」を実施し、1戸当たり費用の2分の1以内、165万円までを補助しました。また、経済産業省は住宅の建築主や所有者を対象に「ネット・ゼロ・エネルギー・ハウス支援事業」を実施し、省エネ関連機器や設備、資材を対象に経費の2分の1以内、350万円を補助しました。

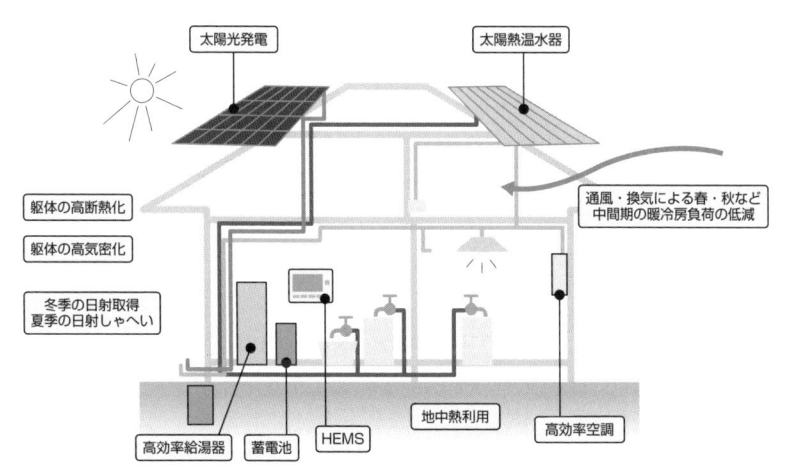

ゼロ・エネルギー住宅のイメージ

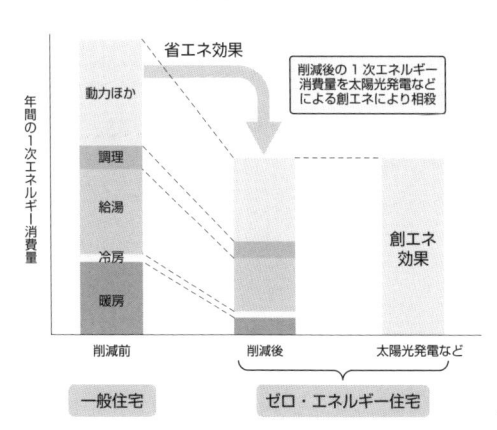

一般住宅とゼロ・エネルギー住宅の違い
（資料提供：国土交通省）

10-9 スマートグリッド
エコで災害に強い次世代送電網

スマートグリッドとは、情報技術と制御技術を使い、電力の供給量に応じて需要を調整できる送電網のことで、「次世代送電網」とも呼ばれます。スマートグリッドの導入で電力のピークカットや再生可能エネルギーの導入促進、災害時の停電対策などの効果が期待されます。

■ 電力需要を制御できるスマートグリッド

これまでの電力供給網は、大規模で少数の発電所でつくられた電力を、送電網によって多数の電力消費者に届ける一方通行型のシステムでした。電力の需要は供給側からは制御できず、需要を上回る電力を発電する必要がありました。

これに対してスマートグリッドは、「スマートメーター」という電力計などの通信・制御機能を活用し、需要量を調整する機能を持つ双方向型のシステムです。たとえば、電力需要が発電量を上回りそうな時は、電力供給側がスマートハウスに設置されたスマートメーターに節電の要請を出し、HEMSと連携して、優先度の低い機器のスイッチを切るなどの方法で電力需要量を制御できます。

■ 自律分散型の送電網

スマートグリッドは、小規模で多数の発電所と接続しやすくなっています。売電機能を持ったスマートハウスをはじめ、送電網のあちこちに分散した多数の発電所を活用すれば、自律分散型の送電網が実現できます。スマートグリッドでは、メガソーラー（出力1 MW（メガワット）＝ 1,000 kW以上の太陽光発電所）や風力発電、バイオマス発電など、再生可能エネルギーを活用しやすくなります。なお既存の大規模発電所にほとんど依存せず、エネルギーの供給者と消費者を持つ小規模なエネルギーネットワークは「マイクログリッド」と呼ばれます。

■ 災害時の停電リスクも軽減

災害などで大規模な発電所が発電を停止しても、ほかの発電所からの電力を送

>> 第10章 スマートハウスのこれから

電網の中で利用できるので、災害時も大規模な停電のリスクが軽減されます。

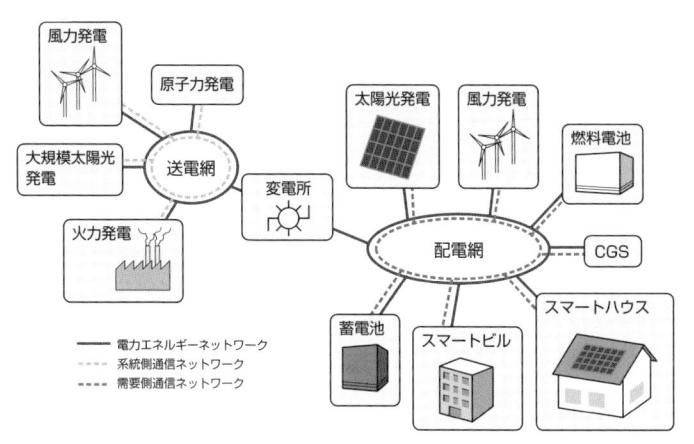

スマートグリッドのイメージ

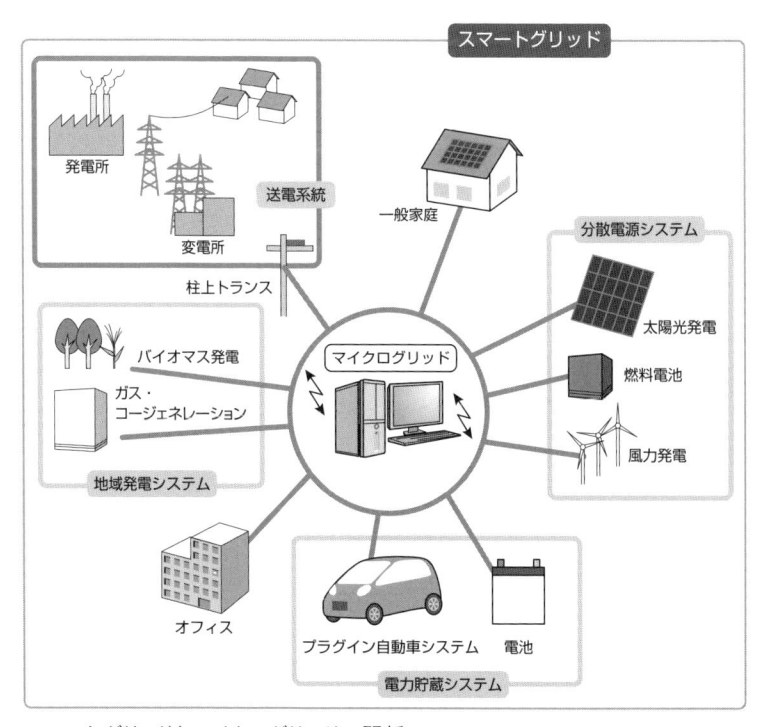

スマートグリッドとマイクログリッドの関係

10-10 スマートメーター
通信・制御機能を持つ電力メーター

スマートメーターは通信機能や制御機能を持った電力メーターで、次世代送電網「スマートグリッド」に欠かせない存在です。電力をデジタルで計測し、通信機能によって電気料金の検針業務を自動化したり接続・切断を遠隔操作したりするほか、将来はHEMSと連携して住宅内の家電を制御するようになります。

■ スマートグリッドの電力制御に不可欠

スマートメーターは通信機能を備え、デジタルで電力量を計測する次世代の電力計です。将来、スマートグリッドが整備されると、電力需要が供給に近づいた時に需要側の電力消費を抑える制御を行うことなどが期待されています。

■ 検針や電力開通業務を自動化

スマートメーターは、通信機能を使って電力量のデータを電力会社に送信できるので、これまで人間が手作業で行っていた電力量計の検針業務を自動化できます。また、電源の元スイッチをオン・オフできる機能が付いているので、電力会社と消費者が電力の供給契約をした後、作業員が配線工事を行わなくても、遠隔操作で電力を開通させることができます。

■ HEMSとの連携でデマンドレスポンスを実現

このほか、スマートメーターはHEMSと連携して電力量計のデータを住宅内で見える化するためにも使われます。電力供給エリア内の電力需要量が供給量に近づいた時には、スマートメーターとHEMSが連携し、重要度の低い家電や機器などのスイッチを切る、空調の設定温度を弱めるといった制御を行って、住宅内の電力消費量を抑える効果も期待されています。このようにすることで、電力供給量に応じて需要量を調整するデマンドレスポンスが実現されるのです。

▇ 電力会社のスマートメーター導入状況

　関西電力では2008年から通信機能を持つスマートメーターの設置を進めており、2011年7月に決定した「今後5年以内に総需要の8割をスマートメーター化」という目標の実現をめざして取組みを行っています。東京電力も今後、スマートメーターを設置していく予定です。

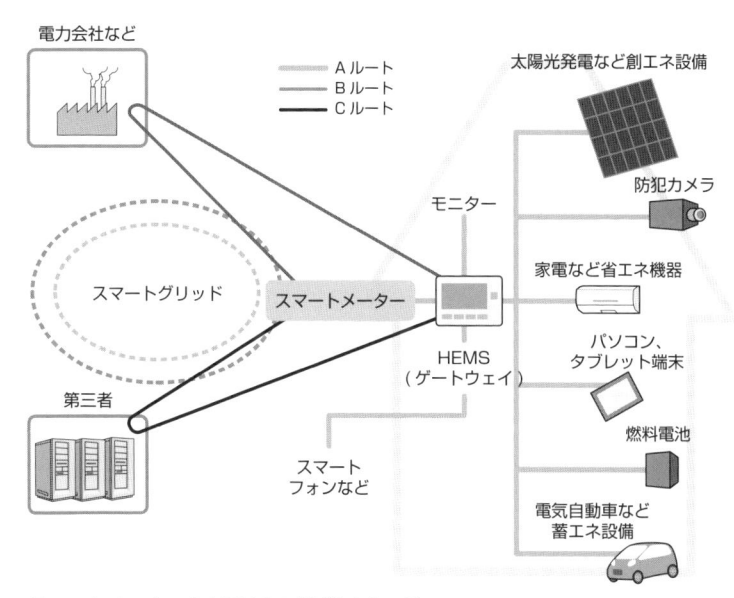

スマートメーターとHEMSの連携イメージ

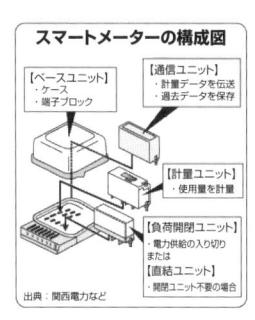

関西電力のスマートメーターと内部の構造
（資料提供：関西電力）

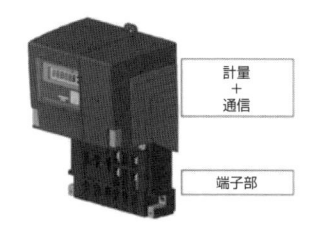

東京電力のスマートメーター
（資料提供：東京電力）

10-11 スマートコミュニティー
再生可能エネルギーを生かす環境配慮型都市

スマートコミュニティーとは、太陽光発電や風力発電など出力が変動する再生可能エネルギーを有効に活用するため、スマートグリッドやスマートハウス、EVなどの新しい交通システムなどを連携させた社会システムです。スマートシティーとも呼ばれます。

■ 都市全体のエネルギーを最適に活用

スマートコミュニティーは市民の生活の質を高めながら、健全な経済活動を行い、環境負荷を抑えてサステナブルな成長をめざす環境配慮型の都市のことです。再生可能エネルギーを積極的に生かしつつ、都市内のエネルギーを無駄無く、有効に活用できる社会インフラともいえます。

■ ITと環境技術のオンパレード

スマートコミュニティの住宅やビル、工場はHEMSなどのエネルギー管理システムでそれぞれのエネルギー使用を最適化します。

一方、スマートグリッドによりメガソーラーや風力発電、小型水力発電など分散した発電所や駐車中のEVなどの電力を都市に供給し、コミュニティー全体のエネルギー需給をCEMS（コミュニティーエネルギー管理システム）によって調整します。こうすることで、出力が不安定な再生エネルギーを都市全体で有効活用するのです。

さらに交通システムのオンデマンド化による交通状態の解消や排熱の有効利用などで、都市全体のレベルでエネルギーの削減やリサイクルを行います。スマートコミュニティーは、まさにIT（情報技術）と環境技術の結晶なのです。

■ 業界間の連携が不可欠

スマートコミュニティーにはエネルギー、交通、建設、通信、そして行政などさまざまな分野や業界が含まれています。個別の官公庁や企業では実現すること

が難しいため、業界間の連携が不可欠になります。

そこで、日本では経済産業省や民間企業・団体などにより「スマートコミュニティ・アライアンス」という官民合同の協議会が2010年4月に設立されました。事務局は独立行政法人 新エネルギー・産業技術総合開発機構（NEDO）に置かれています。

■ スマートコミュニティーの実験プロジェクト

日本では2010年から2014年までの5年計画で、スマートコミュニティーの実証実験が神奈川県横浜市、愛知県豊田市、京都府けいはんな学研都市、福岡県北九州市の4地域で行われています。スマートコミュニティーを実現するためのエネルギーの見える化やデマンドレスポンス、スマートハウスとEVの連携、蓄電システムなどの技術検証、ビジネスモデルの検討や標準化に向けたデータ収集などが行われています。

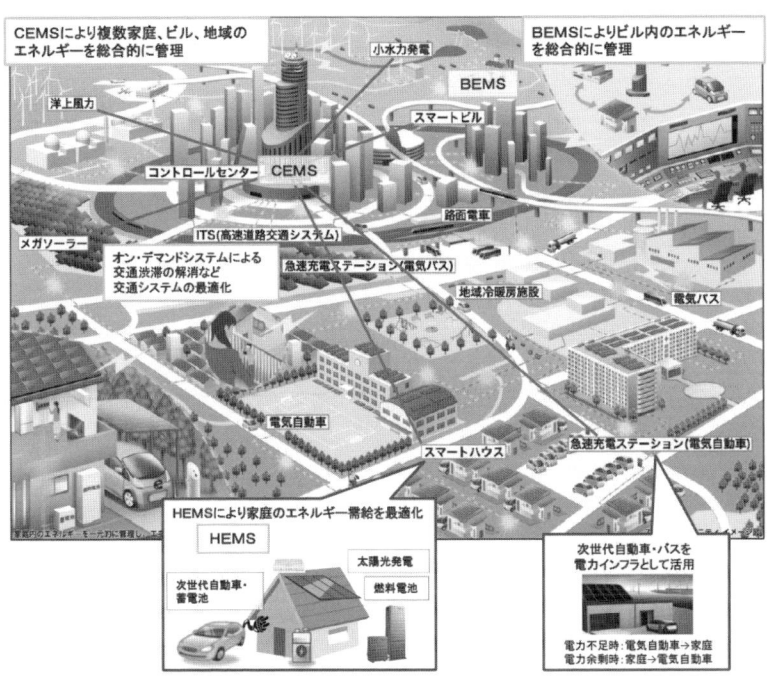

スマートコミュニティーのイメージ図
（資料提供：経済産業省）

付録 >>

スマートハウスの情報源サイト

◯ 【補助金申請窓口】

	環境共創イニシアチブ
	http://sii.or.jp/ HEMS、住宅用燃料電池、住宅のゼロ・エネルギー化やネット・ゼロ・エネルギー・ハウスなどに対する補助金交付などを行っている。
	太陽光発電協会　太陽光発電普及拡大センター（J-PEC）
	太陽光発電協会　太陽光発電普及拡大センター（J-PEC） http://www.j-pec.or.jp/ 住宅用太陽光発電システムの導入に対する助成金の申し込みと交付を行っている。
	燃料電池普及促進協会
	http://www.fca-enefarm.org/ 住宅用燃料電池「エネファーム」に対する「民生用燃料電池導入緊急対策費補助金」の受付と交付を行っている。

>> 付録　スマートハウスの情報源サイト

次世代自動車振興センター
 http://www.cev-pc.or.jp/ EVやPHEVなどの購入を補助する「クリーンエネルギー自動車導入費補助金」や、充電装置の設置補助を行う「次世代自動車充電インフラ整備促進事業」などの申請窓口業務を行っている。

【補助金などの情報】

なっとく！再生可能エネルギー（経済産業省 資源エネルギー庁）
 http://www.enecho.meti.go.jp/saiene/ 再生可能エネルギーの固定価格買取制度の買取価格・期間や手続方法、書類などの最新情報がわかる。

クール・ネット東京（東京都環境公社）
 http://www.tokyo-co2down.jp/ 東京都が実施している住宅用創エネルギー機器等導入促進事業や集合住宅等太陽熱導入促進事業、区市町村の補助金情報のリンク集がある。

225

	環境ビジネスオンライン
	http://www.kankyo-business.jp/ スマートハウス関連の各種補助金やニュース、特集・コラム、環境用語集などの最新情報がわかる。

	ソーラージャーナル
	http://www.solarjournal.jp/ 太陽光発電に関する最新ニュースや技術情報を紹介している。太陽光発電パネルのメーカーや補助金、販売・設置会社の情報も充実。

	ソーラーシステム振興協会
	http://www.ssda.or.jp/ 太陽熱温水器の導入に対する市区町村の助成制度を紹介している。

	価格.com 太陽光発電補助金検索
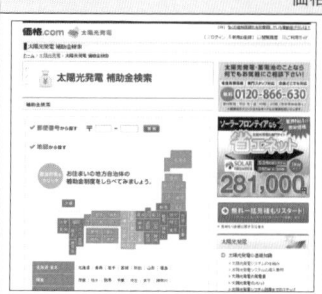	http://kakaku.com/taiyoukou/subsidy/ 建設予定地の郵便番号を入力したり、地図で選んだりすることにより、利用可能な補助金の最新情報がわかる。

>> 付録　スマートハウスの情報源サイト

太陽光発電のスマートハウス
http://www.smart-house.bz/ 太陽光発電システムに対する補助金の検索が行える。航空写真による屋根への設置診断も行える。
イエソラ（山善）
http://www.ienogu.jp/h-solar/subsidyzip.html 太陽光発電システムの補助金シミュレーションが行える。建設予定地の郵便番号や太陽光発電システムの出力を入れると国、都道府県、市町村の各補助金額がわかる。

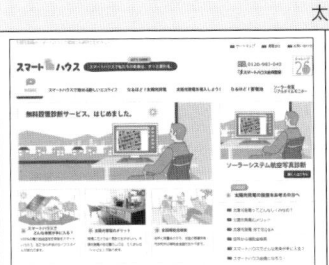

【業界団体】

エコーネットコンソーシアム
http://www.echonet.gr.jp/ HEMS の標準規格である「ECHONET Lite」の開発や認証、普及促進などを行っている。

【技術・製品・経営情報】

建設 IT ワールド
http://www.ieiri-lab.jp/ 筆者の公式サイト。スマートハウス関係の製品や技術、経営戦略のほか、BIM（ビルディング・インフォメーション・モデリング）、建設 IT 関係の最新情報を発信している。

おわりに

　スマートハウスの基本は、これまで気がつきにくかった電力、ガス、水道などのエネルギーや資源の使用量などを「見える化」し、住む人びとの節約意識と行動を促すことにあります。

　日本は人口が減少し始めていますが、地球上の人口は現在も増え続けており約70億人になっています。国連の人口推計によると2050年には93.1億人、2100年には101.2億人に達すると予測されています。

　一方、地球上の人びとの生活に欠かせない電力やガスのもとになっている石油や天然ガス、石炭などの化石燃料やウランなどの資源は、このままのペースで使い続けていくと、80数年で実質的に枯渇してしまうという試算もあります（京都大学名誉教授　松久寛氏編著『縮小社会への道』より）。

　現在のようにエネルギーを大量消費する生活を続ける人口が90億人、100億人と増え、化石燃料が枯渇してしまうといったい、どんなことが起こるでしょうか。戦争や紛争、食糧危機など恐ろしいことばかりが想像できます。

　スマートハウスは、こうした地球の危機を救うためにも今後、大きく貢献していく存在です。というのも、1年間のトータルで見ると、住宅で使うエネルギーを太陽光発電や太陽熱温水器などによってまかなえる「ネット・ゼロ・エネルギー住宅」が既に実現しているからです。こうした住宅を世界中に増やしていくことで、化石燃料や原子力に頼らず、太陽などの再生可能エネルギーだけで、安心・安全・快適な生活が送れるようになるのです。

　原発に代わるエネルギーとして太陽光発電や風力発電を充実させようという案に対して「焼け石に水」という批判的な論調もあります。しかし、地球に降り注ぐ1分間の太陽光エネルギーは、地球上で消費される1年分のエネルギーに相当します。この太陽の巨大なエネルギーを最大限に生かして生活することが、これからの地球人には求められています。

　スマートハウスにおけるエネルギーの「見える化」をきっかけに、町全体、国全体、地球全体のエネルギー問題に人びとが気づき、"スマートな地球"の実現に向かって行動を起こすようになることを願っています。

参考文献・Webサイト

【参考文献】

図解エコハウス／竹内昌義・森みわ（エクスナレッジ）
縮小社会への道／松久寛（日刊工業新聞社）
新しい火の創造／エイモリー・B・ロビンス（ダイヤモンド社）
旭化成ホームズ／ヤマダ・エスバイエルホーム／住宅ソリューションズ／住友林業／積水化学工業／積水ハウス／大和ハウス工業／タマホーム／トヨタホーム／パナホーム／ミサワホーム／三井ホーム、各社のスマートハウス関連カタログ
よくわかる最新BIMの基本と仕組み／家入龍太（秀和システム）

【参考Webサイト】

エコーネットコンソーシアム
ソーラーシステム振興協会
ソーラージャーナル
なっとく！再生可能エネルギー（経済産業省 資源エネルギー庁）
価格.com 太陽光発電補助金検索
環境共創イニシアチブ
次世代自動車振興センター
太陽光発電協会　太陽光発電普及拡大センター（J-PEC）
燃料電池普及促進協会
KEN-Platz（日経BP社）
ハウスメーカー／HEMS機器メーカー／太陽光発電パネルなど創エネ装置メーカー／住宅用蓄電池など蓄エネ装置メーカー／省エネ機器・建材メーカー／EV・PHEVメーカーなど、各社のWebサイト
建設ITワールド

著者プロフィール

家入　龍太（いえいり　りょうた）

　IT活用による建設産業の成長戦略を追求する「建設ITジャーナリスト」。スマートハウスやBIM、省エネ技術などの導入により、生産性向上、地球環境保全、国際化といった建設業が抱える経営課題を解決するための情報を「一歩先の視点」で発信し続けている。新しいことへのチャレンジを「ほめて伸ばす」のがモットー。「年中無休・24時間受付」の精神で、建設・IT・経営に関する記事の執筆や講演、コンサルティングなどを行っている。

● 公式サイト
「建設 IT ワールド」http://www.ieiri-lab.jp/

● 略歴
1959 年　広島県生まれ。
1982 年　京都大学工学部土木工学科卒業。
1984 年　ジョージア工科大学大学院工学修士課程修了（Engineering Science & Mechanics 専攻）。
1985 年　京都大学大学院修士課程修了（土木工専攻）。
1985 年　日本鋼管（現 JFE エンジニアリング）入社。
1989 年　日経 BP 社入社（日経コンストラクション副編集長、ケンプラッツ編集長、事業部次長、建設局広告部企画編集委員などを担当）。
2009 年　日経 BP 円満退社。
2010 年　株式会社イエイリ・ラボ設立。
2011 年　関西大学総合情報学部非常勤講師。現在に至る。

● 保有資格
中小企業診断士、1 級土木施工管理技士、1 級アマチュア無線技士ほか。

● 連絡先
〒 103-0022　東京都中央区日本橋室町 1-13-1 DK ノア 4F
株式会社　イエイリ・ラボ
E-mail：info@ieiri-lab.jp

企画&編集　イノウ
http://www.iknow.ne.jp/

装丁
小口翔平+西垂水敦（tobufune）

DTP組版＆図版作成
SeaGrape

図解と事例でわかる スマートハウス

2013年 6月13日　初版第1刷発行

著　者　　　家入 龍太
発行人　　　佐々木 幹夫
発行所　　　株式会社 翔泳社（http://www.shoeisha.co.jp）
印刷・製本　　株式会社廣済堂

ⓒ2013 Ryota Ieiri

＊本書は著作権法上の保護を受けています。本書の一部または全部について、株式会社 翔泳社
　から文書による許諾を得ずに、いかなる方法においても無断で複写、複製することは禁じられ
　ています。
＊本書へのお問い合わせについては、18ページに記載の内容をお読みください。
＊造本には細心の注意を払っておりますが、万一、落丁や乱丁がございましたら、お取り替えい
　たします。03-5362-3705 までご連絡ください。

ISBN978-4-7981-3162-7
Printed in Japan